21世纪高等学校规划教材 | 电子商务

网店装修设计与制作

李振华 主编

清华大学出版社
北京

内容简介

电子商务的大力推进，使得网络开店成为众多年轻人的创业、就业新模式。每年"双十一"电商大战，决定胜负的，除了商品和价格外，店铺的门面也很重要。在现实生活中，很多消费者被店面风格吸引而购物，为了招徕顾客，网店也同样需要进行装修才能吸引顾客。这就催热了围绕电商次生的行业——网店装修设计。

本书可作为高等院校多媒体设计、电子商务相关专业网店装修与设计课程教材或教学参考书，也适合已经开办个人网店，欲提高扩大营销的淘宝网店店主阅读，还适合希望拓展网络市场的企业及有意进行网络营销的个人阅读，同时本书也可作为多媒体设计、电子商务等相关专业培训的教材。

图书在版编目（CIP）数据

网店装修设计与制作/李振华主编. —北京：清华大学出版社，2017（2022.1重印）
（21世纪高等学校规划教材·电子商务）
ISBN 978-7-302-47239-1

Ⅰ. ①网… Ⅱ. ①李… Ⅲ. ①电子商务－网站－设计 Ⅳ. ①F713.36 ②TP393.092

中国版本图书馆CIP数据核字（2017）第125795号

责任编辑：闫红梅 薛 阳
封面设计：傅瑞学
责任校对：胡伟民
责任印制：宋 林

出版发行：清华大学出版社
网　　址：http://www.tup.com.cn，http://www.wqbook.com
地　　址：北京清华大学学研大厦A座　　**邮　　编**：100084
社 总 机：010-62770175　　**邮　　购**：010-83470235
投稿与读者服务：010-62776969，c-service@tup.tsinghua.edu.cn
质量反馈：010-62772015，zhiliang@tup.tsinghua.edu.cn
课件下载：http://www.tup.com.cn，010-83470236
印 装 者：涿州市京南印刷厂
经　　销：全国新华书店
开　　本：185mm×260mm　　**印　　张**：12.25　　**字　　数**：300千字
版　　次：2017年8月第1版　　**印　　次**：2022年1月第4次印刷
印　　数：4501～4900
定　　价：29.00元

产品编号：062785-01

前 言

电子商务的大力推进，使得网络开店成为众多年轻人的创业、就业新模式。每年“双十一”电商大战，决定胜负的，除了商品和价格外，店铺的门面也很重要。在现实生活中，很多消费者被店面风格吸引而购物，为了招徕顾客，网店也同样需要进行装修才能吸引顾客。这就催热了围绕电商次生的行业——网店装修设计。

市面上不少网店装修与设计的教材都是以软件教学或网店页面的排版设计为主，但是网店装修设计并不仅仅是“网店装修”，网店装修具有互动性这一重要特点，因此，如何结合平台引导用户浏览与网购是隐含在网店中的重要设计。

本书根据网店装修与设计的整体流程，系统地介绍了网店商品图片、店标、分类导航、店铺促销区等全方位装修知识。全书结构清晰、由浅入深、循序渐进，内容简明扼要，案例丰富，有较强的针对性和实用性，方便教学与阅读。

本书可作为高等院校多媒体设计、电子商务相关专业网店装修与设计课程教材或教学参考书，也适合已经开办个人网店，欲提高扩大营销的淘宝网店店主阅读，还适合希望拓展网络市场的企业及有意进行网络营销的个人阅读，同时本书也可作为多媒体设计、电子商务等相关专业培训的教材。

全书按照网店装修与设计的阶段分为前期、中期和后期即 3 部分分别叙述，一共 10 章。第 1 部分为简要介绍网店装修与设计的前期阶段，包括第 1 章赏析网店页面设计，第 2 章网店装修与设计前期准备。第 2 部分为网店装修与设计的中期阶段，包括 4 章：第 3 章搭建网店页面，第 4 章创建网店中的动态图像，第 5 章网店的其他装修，第 6 章创建与管理网站站点。第 3 部分主要介绍网店装修与设计的后期阶段，也即网店的宣传推广，包括第 7 章宣传网店店铺，第 8 章网店数据的搜集、统计与分析，第 9 章网店经营风险管理。多媒体技术与应用日新月异，软件中级的多媒体应用设计师考试大纲内容也会随着技术的推陈出新，不断增添新技术新应用，例如网店装修设计与制作，互动装置设计，网站原型设计等。因此，第 10 章双证实训，主要介绍与多媒体应用设计师考试相关的试题内容。本书作者预测与多媒体技术息息相关的网店装修与设计的内容，会出现在软考中。

本书在编写过程中，阅读、参考了大量国内外相关专家的书籍、博客、资料或相关课件，并从中获得了灵感和启示，引用了多家数字科技有限公司及相关专业网站的资料，但未能在注释或参考文献中一一列出，在此特向这些参考文献的作者致歉并表示由衷的感谢！特别感谢清华大学出版社的大力支持与帮助。由于网店装修设计与制作技术发展速度迅猛，加之编者水平所限，书中难免有疏漏之处，衷心希望广大读者以及相关专家批评指导，使本书在修订中日臻完善。书山有路勤为径，学海无涯苦作舟。愿此书能为虚拟现实技术学习者提供指引。

李振华
浙江商业职业技术学院
2017 年 1 月

目　录

第1章 赏析网店页面设计

电子商务的大力推进，使得网络开店成为众多年轻人的创业、就业新模式。每年“双十一”电商大战，决定胜负的，除了商品和价格外，店铺的门面也很重要。在现实生活中，很多消费者被店面风格吸引而购物，为了招徕顾客，网店也同样需要进行装修才能吸引顾客。这就催热了围绕电商次生的行业——网店装修设计。熟悉网店装修设计的流程、方法、技术不仅适合已经开办个人网店，欲提高扩大营销的淘宝网店主，也适合希望拓展网络市场的企业及有意进行网络营销的个人，同时这些内容也是多媒体设计、电子商务等相关专业培训的核心内容。

在进行电子商务网店页面制作之前，首先要进行网页的设计与构思，主要包括网页的布局、网页的配色、网页设计原则。了解这些知识，有助于提升网店网页设计与制作的水准。

1.1 网页常见的布局

1. 网页的常见布局

网页布局能决定网页是否美观。合理的布局，可以将页面中的文字、图像等内容完美、直观地展现给访问者，同时合理安排网页空间，优化网页的页面效果和下载速度。反之，如果页面布局不合理，网页在浏览器中的显示效果将大打折扣，页面中的各个元素可能会重叠显示或丢失。因此，在对网页进行布局设计时，应遵循对称平衡、异常平衡、对比、凝视和空白等原则。常见的网页布局形式包括：骨骼型布局、上下分割型布局、左右分隔型布局、中轴型布局、倾斜型布局、视觉中心型布局、曲线型布局、重复型布局、自由型布局、和满屏型布局等。

(1) 骨骼型布局：骨骼型结构网页是国内企业网站最常用的类型，有三栏、左栏、右栏、顶栏等几种形式。骨骼型版面布局有规范、理性的分割版面的方法，图片和文字的编排上严格按照骨骼比例进行编排配置，给人以严谨、和谐、理性的美。左栏布局主要分为左右两块，左侧较窄，右侧较宽，是普遍采用的一种布局模式。右栏布局与左栏布局类似，主要分为左右两块，但右侧较窄，左侧较宽，常见于社会新闻类网站的布局。顶栏布局，其导航集中在页面的顶端，占据整个页面的宽度。顶部下方则为网页的主要内容。三栏布局是常用的布局模式，即分为顶部、主体和底部。顶部一般由网站logo、banner和导航条组成。主体部分是网站的主要内容，分为三列，左、右两侧为一些类目，中间部分为主体内容。底部呈现网站的一些基本信息、联系信息、版权信息等。整体效果类似于π型。三栏布局网页的优点是充分利用了网页的版面，可容纳的信息量大；其缺点则是大容量的信息显示使得版面显得拥挤，不够生动。如图1.1和图1.2所示为骨骼型布局的网页。

图1.1　骨骼型布局的网页(左栏)

(2) 上下分割型布局：上下分割型布局页面分为上下两部分，分别配置文字和图片。如图1.3所示为上下分割型布局的网页。上下分割型布局的网页上部一般为网站logo和导航条等内容，下部则是页面的主要内容。上下分割型布局的网页的优点是页面结构清晰，内容主次分明；其缺点是布局规格死板，如果细节色彩上不注重加工，容易使人产生乏味的感觉。

(3) 左右分割型布局：左右分割型布局的网页被分割为左右两个部分，分别配置文字和图片。整体感觉就像是被翻开的一本书，随着单击超链接，不断展示其中的内容。左右分割型布局的网页的优点在于结构清新，内容表达完整。如图1.4所示为左

图 1.2　骨骼型布局的网页(顶栏)

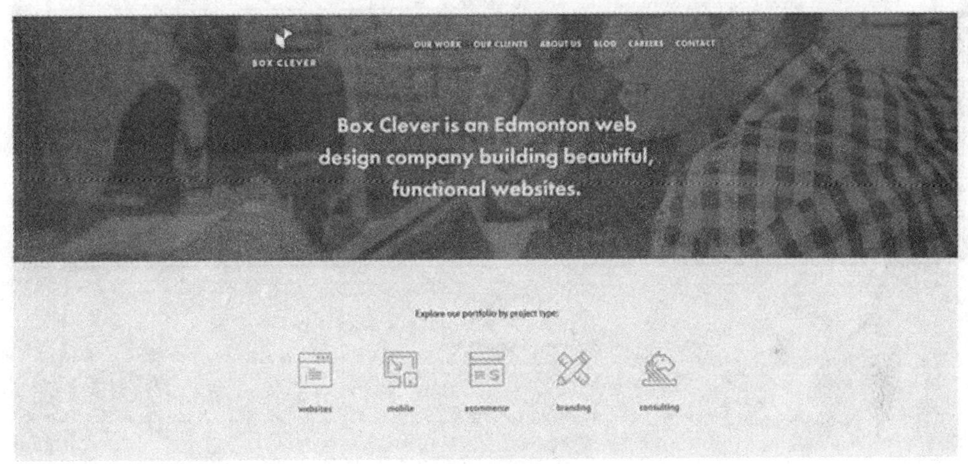

图 1.3　上下分割型布局的网页

右分割型布局的网页。

(4) 中轴型布局：中轴型布局将图形做水平方向或垂直方向排列，水平排列的页面，给人稳定、安静、平和与含蓄之感。垂直排列的页面，给人强烈的动感。近年来有许多网页采取单页式的设计，能呈现出各种创意的滚动效果。单页网站技术多用于作品集、设计工作室、移动应用程序页面等只需要显示一部分信息的场合。单页式的网站由于其特殊的浏览方式，有很多都是采用中轴型的排列。浏览这种类型的网页的过程就像是在细细品味一件件艺术品。如图 1.5 所示为中轴型布局的网页。

(5) 倾斜型布局：倾斜型布局的网页上主体形象或多幅图像做倾斜编排，形成版

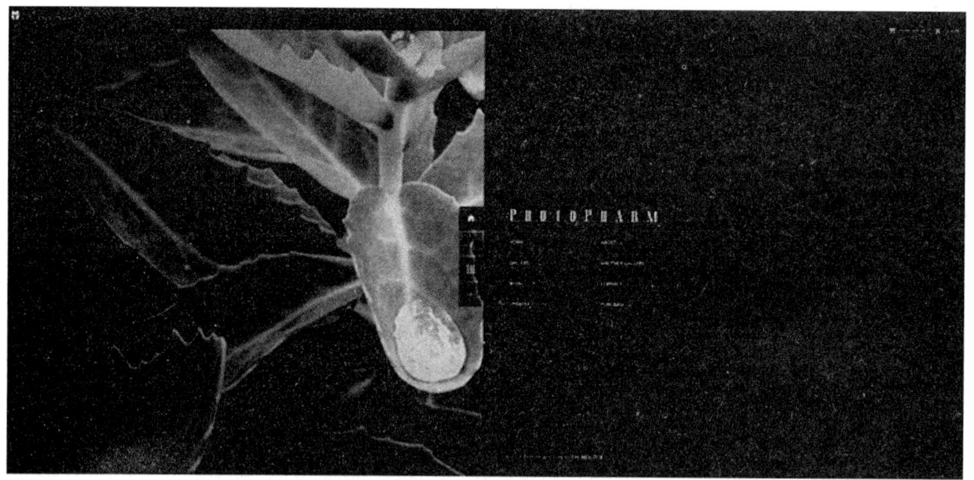

图 1.4　左右分割型布局的网页

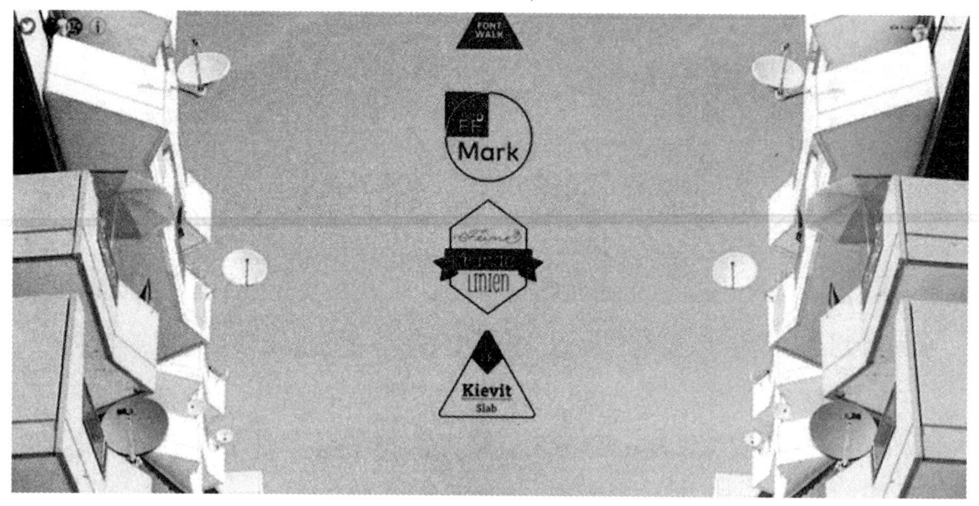

图 1.5　中轴型布局的网页

面强烈的动感和不稳定感，引人注目。如图 1.6 所示为倾斜型布局的网页。

（6）视觉中心型布局：视觉中心型布局的目的是产生强烈而突出的视觉焦点，强调页面的视觉效果。视觉中心型布局主要有三种类型：直接以独立而轮廓清楚的形象占领版面中心；视觉元素做向版面中心靠拢的运动；做出类似向外扩散的离心弧线运动效果。如图 1.7 所示为视觉中心型布局的网页。

（7）曲线型布局：曲线型布局的网页中的图片和文字排列成曲线，产生富有韵律与节奏的感觉。如图 1.8 所示为曲线型布局的网页。

（8）重复型布局：重复型布局的网页将相同或不同的元素做大小相同而位置不

图 1.6　倾斜型布局的网页

图 1.7　视觉中心型布局的网页

同的反复排列。重复型布局方式是一种常见、好用的网页布局方式，使网页具有秩序、安静、调和与节拍感，很符合网页浏览的一般需求。如图 1.9 所示为重复型布局的网页。

(9) 自由型布局：自由型布局结构是无规律的、随意的编排构成，有活泼、轻快之感。如图 1.10 所示为自由型布局的网页。

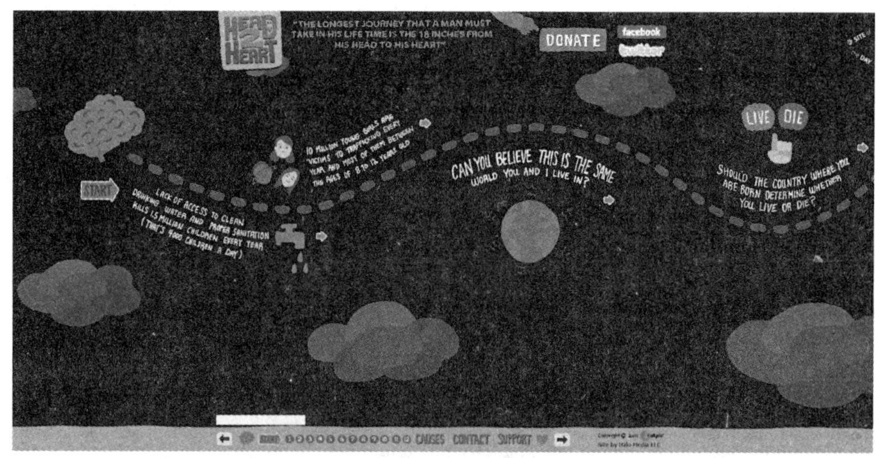

图 1.8　曲线型布局的网页

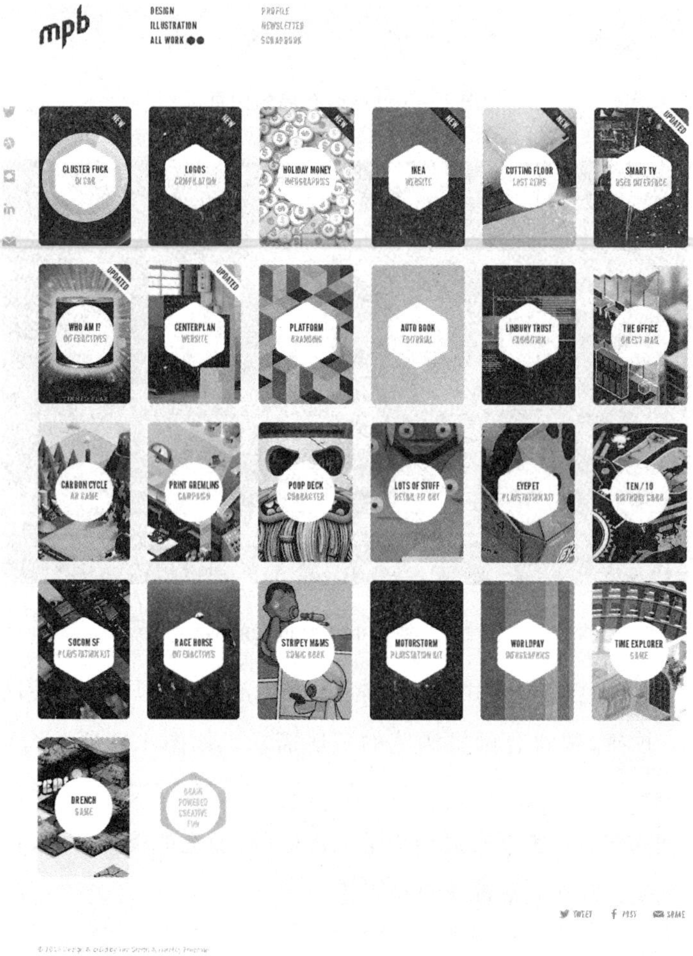

图 1.9　重复型布局的网页

图 1.10　自由型布局的网页

（10）满屏型布局：满屏型的版面以图像充满整版，主要以图像为素材。图像能够给网站带来强烈的视觉冲击力，不仅能够增强设计的美感，还可以突出网站的主题。在使用这种满版的图像作为网站主体或背景的时候，要充分考虑网站里每个页面的关系，如果只是个别页面取得了很好的效果，不能和网站的其他内容很好地融合在一起，容易导致网站内容杂乱，适得其反。如图 1.11 所示为满屏型布局的网页。

图 1.11　满屏型布局的网页

以上总结了目前网络上常见的网页布局，此外还有许多别具一格的布局，关键是在于创意与设计。对于版面布局的技巧，在这里提供以下几个建议。

(1) 强化抓眼球的视觉效果。

(2) 增强文案的可视化程度以及可读性。

(3) 做到各网页统一的视觉整体效果。

(4) 挖掘并找到布局的新鲜感和个性感。

2. 网页布局原则

网页布局要遵循一定的原则，这样制作出来的网站才能符合用户的要求。

在布局过程中，可以遵循的原则如下。

1) 平衡

包括文字、图像等要求在空间占用上的分布均匀，色彩上给人以协调的平衡感等。

(1) 正常平衡：也称为匀称，多指左右、上下对照形式，主要强调秩序，能达到安定、诚实、信赖的效果。匀称是最常见、最自然的平衡手段，这种方式通常用来设计比较正式的页面，不过也需要多种方式结合起来使用以加强效果。

(2) 异常平衡：即非对照平衡。这种布局能达到强调性、不安性、高注目性的效果。

(3) 非对称平衡：非对称其实并不是真正的“不对称”，而是一种层次更高的“对称”。如果把握不好，页面就会显得乱，因此使用起来需要慎重，更不可用得过滥。

(4) 辐射平衡：页面中的元素以某一个点为中心展开就可以构成辐射平衡。

2) 对称

对称是一种美，但是过度的对称就会给人一种呆板、不够活跃的感觉。因此，要适当地打破对称，制造一点儿变化。

3) 对比

让不同的形态、色彩等元素相互对比，来形成鲜明的视觉效果。例如利用色彩、色调等技巧来进行表现，在内容上也可以涉及古与今、新与旧、贫与富等对比。

4) 疏密度

网页做到疏密有度，适当进行留白，运用空格，改变行间距、字间距，以此制造一些变化的效果，突出网站的格调及网页品位的优越感。

5) 比例

比例适当，在网页布局中非常重要。虽然不一定都能做到黄金分割，但是比例一

定要感觉协调。

以上的设计原则需要领会心中、灵活运用，才能在页面布局中大放异彩。

3. 网页布局步骤

网页布局是一个创意的问题，但是比站点整体的创意容易、有规律得多。下面就来说明网页布局的具体步骤。

(1) 构思，并且形成多个草稿。

新建页面就像一张白纸，没有任何表格、框架和约定俗成的东西，可以尽可能地发挥想象力，将自己想到的景象画上去(可以使用纸笔或绘图软件实现)。这属于创造阶段，不讲究细腻工整，不必考虑细节功能，只以粗陋的线条勾画出创意的轮廓即可。尽可能多画几张，最后选定一个满意的设计，作为继续创作的脚本。

(2) 在选定草案基础上，进行粗略布局。

在草案的基础上，将确定需要放置的功能模块安排到页面上。主要包括网站logo、banner、导航条、新闻、搜索、友情链接、广告条、计数器、版权信息等。在这里，必须突出重点、平衡协调的原则，将网站 logo、导航条等最重要的模块放在最显眼、最突出的位置，然后再考虑次要模块的放置。

(3) 将粗略布局转化、形成定案。

将粗略布局精细化、具体化。

4. 网站规划设计中的注意事项

网站规划设计中须注意以下问题。

(1) 可先用笔画出网站框架的草稿。

(2) 可在使用计算机编写前，考虑好页面的布局和内容上的构思。

(3) 慎用特殊字体。

网站中显示的字体是由当前计算机所安装的字体所确定的，因为无法预测访问者的计算机上是否安装了同样的字体，若没有则系统会用默认字体来代替，这样会使原先的效果完全改变，因此应慎用特殊字体。若要使用特殊字体一般可通过图像处理软件把该字体处理成图片，使访问时效果不变。

(4) 页面中避免长文本。

冗长的文本页面，是令人乏味的。人们为了阅读这些长文本，还不得不使用滚动条，往往使访问者放弃阅读。一般可以通过分段、分页面、加长文本内容字体等方法，如许多图书阅读网站将原先实体书中的一页内容，分为几段在网上显示，字体往往比普通字体大。此外，应提供离线阅读的文档以便访问者下载后阅读。

(5) 网页内容要易读。

关键是规划好背景色调和字体颜色的结合，以及字体大小和字体种类的设计。

(6) 图像的运用。

图像是为网站主题服务的，图像要兼顾大小和美观，合理采用 JPEG 和 GIF 图像格式。

(7) 注重留白。

网页中恰当的留白可以让访问者有更大的想象空间。而整个页面到处都满满当当则是很糟糕的设计，除非是网站主题的需要，如一些门户类网站。

(8) 注重对比。

对比可以给整个网站带来动态点缀，突出主题，可以产生对比效果。影响其效果的因素有大小、颜色、字体、重心、形状、纹理等。

(9) 注重连贯。

使整个网站有统一的风格，往往有许多要素是必须保持一致的。这些要素通常包括：布局、色调风格、字体、导航条等。

(10) 不要忽视错别字，这是非常重要的。

1.2 网页的色彩搭配

网页设计属于一种平面效果设计，在排除立体图形、动画效果之外，颜色的使用在网页设计制作中起着非常关键的作用，色彩成功搭配的网站可以令人过目不忘。因此，我们必须要高度重视色彩的搭配。

1. 网页安全色

显示器屏幕上显示的所有颜色都是由红、绿、蓝三种基色调混合而成的。每一种颜色的饱和度和透明度都是可以变化的，用 0～255 的数值来表示。

网页安全色是当红色(Red)、绿色(Green)、蓝色(Blue)颜色值为 0、51、102、153、204、255 时构成的颜色组合，它一共有 6×6×6＝216 种颜色(其中彩色为 210 种，非彩色为 6 种)。这些色彩在不同硬件环境、不同操作系统、不同浏览器中都能够正常显示,因此任何终端浏览用户显示设备上的显示效果都是相同的。使用 216 种网页安全色进行网页配色可以有效地避免原有的颜色失真问题。如图 1.12 所示为网页安全色。

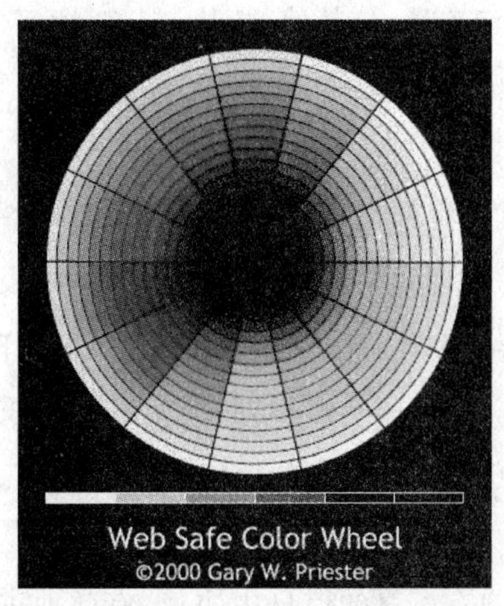

图 1.12 网页安全色

在实际浏览器访问网页时,如果网页中的目标颜色没有使用网页安全色,系统就自动通过混合其他相近颜色模拟显示目标颜色,这种处理超出网页安全色范围颜色的方法称为"抖动"(Dithering)。具体的方法就是选择两个类似的网页安全色进行交叉显示,而此时的显示效果通常都比较模糊。

216 种网页安全色是根据当前计算机设备的情况,通过无数次反复分析论证得到的结果。尽管现在的网页设计师在网页设计中,已经不再需要考虑网页安全色的问题,不过由于不同的显示器在颜色的显示上还是存在偏差,也可能是不同的显示器的颜色校准没有做好,也可能受观看角度、光环境的影响等,人们对于同样的颜色在不同浏览器、不同显示器上显示效果的感觉未必一致。因此,网页安全色对于一个网页设计师来说是必备的常识,利用它可以拟定出更安全、更出色的网页配色方案。

2. 网页配色

不同的颜色有其不同的效果。下面说明一些常用颜色的效果。

(1) 粉色效果:女性的、浪漫的、温柔的、幸福感、可爱的、优雅的、孩子气的、妩媚的、非现实感等。

(2) 红色效果:热情的、女性色彩、优雅的、有活力的、温暖的、健康的、危险的、暴力的等。

(3) 橙色效果：健康的、开朗的、有朝气的、轻便的、有亲切感的、清新的、有攻击性的等。

(4) 天然色效果：安定、宽裕、朴素、文雅、寂静、内向的、质朴、闭锁的等。

(5) 蓝色效果：清爽、清凉感、信赖感、冷静、幽静、忧郁、寂寞、冷淡、未成熟等。

(6) 黑色效果：正式的、高格调的、讲究的、高级感、厚重感、不吉利、昏暗、邪恶、绝望感等。

所谓配色，简单来说就是将颜色摆放在适当的位置，做一个最好的安排。不同的颜色搭配，可以产生不同的表现效果。配色要根据不同的设计任务，通过颜色的搭配选择，来改变空间的舒适程度和环境气氛。同时，设计网页时，考虑到网页的适应性，应该尽量使用网页安全色。网站的类型不同，其目的和侧重点也不同，下面主要从网站的类型层面来简单说明色彩在网页上的应用。

1) 门户类

其主要需求是方便用户在海量的信息中快速、有效地进行目标选择，因而页面色彩一般都倾向于清爽、简洁。代表性网站：搜狐、网易。

2) 社区类

其主要目的是使操作简单、易用，具有长时间使用的舒适度，提供服务特色鲜明，因此其页面色彩也倾向清爽、简洁。代表性网站：猫扑、人人。

3) 公司企业类

其主要目的是展示企业形象，提高品牌印象，可以应用 logo 的主色系设计，达到品牌形象的统一。代表性网站：中国移动、中国电信。

4) 电子商务类

其目的是方便、快捷地查看商品和进行交易，运用暖色调渲染气氛，可让用户感受到网站整体的活跃氛围和愉悦感。代表性网站：京东、阿里巴巴。

5) 产品类

其主要目的是展示产品的特性，增加浏览者的消费欲望，页面色彩可根据具体产品定位做多样化设计。代表性网站：三星、苹果。

6) 个人类

其主要目的是满足用户个性展示和驾驭能力的需求，页面色彩设计应该多样化、个性化。代表性网站：个人的新浪博客。

7）其他类

主要指的是工具类、活动类网站，其主要目的是便于用户使用，设计时要多考虑用户体验。

3. 网店装修常用配色

色彩可以为网店营造出一种特定的意境和氛围，当我们确定网店的基调后，可以根据选定的风格来选择配色。接下来对常用的、不同类型的配色进行归纳和总结，以便在具体的网店装修设计中能够参考这些配色进行创作。

风格 1：高贵

高贵意象的配色通常以紫红、红和橘色为基调，在使用这类配色的过程中，常加入少量的白色进行调和，力求画面的优美动人，在化妆品、女式服装、饰品等店铺使用较为广泛。

风格 2：朴素

朴素的配色以淡弱的褐色、含蓄的黄绿色搭配冷灰色为基调，流露出一种淡泊的美感，具有平淡的亲和力，常用于森女风格店铺，以及家具家居和小商铺店铺。

风格 3：复古

复古风格的配色通常以暗浊的暖色调为主，明度和纯度都比较低，容易让人产生怀旧的情绪，但是又会流露出含蓄的美感，在设计茶具、茶叶、收藏、户外等商品的店铺时会经常使用。

风格 4：自然

自然风格的画面主要由绿色、黄色等色相组成，色彩之间的对比较弱，给人舒适、宁静、平和的印象，这种配色与大自然的色彩相近，因此常在植物、家居、装修配件等商品店铺中使用。

风格 5：理智

理智风格的配色主要以蓝色系为主，明度和纯度适中，呈现出谨慎、保守的印象，给人稳定、可靠的感觉，常用于表现科技类的商品，例如数码产品、电器等商品店铺。

风格 6：稚嫩

稚嫩风格的配色能够给人可爱、清爽、浪漫和甜蜜的感觉，搭配的色彩明度普遍偏高，带来神秘和虚无缥缈的感觉，常用于童装、化妆品、女鞋和婴幼儿商品类的店铺。

风格 7：开放

开放风格的配色给人灿烂、开朗、爽口的感觉，明度适中，纯度较高的配色可以让画面明亮、活泼，给人以饱满的感觉，常用于水果、零食、体育用品类店铺的装修设计中。

风格 8：性感

性感风格配色的画面容易让人联想到诱惑、欲望、激情，色相以肤色、红色、紫色为主，明度适中，纯度较高，力求营造出妩媚和诱惑的感觉，常常在化妆品、内衣、食品等商品店铺中使用。

风格 9：静谧

静谧风格的配色容易让人联想到黑暗、神秘等，色相以黑色、藏蓝色、深紫色为基调，明度较低，纯度低，给人深邃的感觉，常用于科技商品、女装、男装、手表等商品店铺的设计中。

风格 10：阳光

阳光风格的配色会让画面显得明亮、温暖，传达出浓浓的暖意，画面以橘色、黄色、白色为主，纯度较高，体现出强烈的活力感，适合饮料、灯具、童装、泳装、家装等商品店铺的设计。

1.3 赏析网店页面设计

这里的网店，泛指电子商务网站，包括中小企业形象网站、行业类综合网站、电子商务商城网站等。下面从中小企业形象网站、行业类综合网站以及电子商务商城网站中，有选择性地展示一些具有代表性的网页，并进行介绍说明。

1. 中小企业形象网站

该类型网站是电子商务网站设计中经常遇到的。区别于大型公司的综合型网站，这些分别属于制造业、商贸业、IT 通信业等中小企业的形象网站，整体网站布局常采用骨骼型布局。整体网站风格多采用公司的标准色、logo 的颜色以及和企业主题相联系的颜色，或者是蓝、灰等体现商务简约风格的色调。如图 1.13 所示为立邦油漆网站的主页。如图 1.14 所示为九鼎集团网站的主页。

网站导航条的设计也基本决定了该类网站的二级页面栏目分类，该类型企业网站的常见栏目有：指示主页的“首页”、介绍企业的“关于公司”、展示新闻的“新闻中心”、展示产品的“产品中心”、体现服务的“营销网络”和“售后服务”、介绍人力资源的“加入

图 1.13　立邦油漆网站主页

我们”和体现联系方式的“联系我们”等。

在网页中用于宣传的 banner 条，现在逐渐变成主页中起主要修饰作用的模块，主要由动态动画或静态图像组成，大小也在逐渐变大，更为醒目。该修饰图像主要由图像素材和文字组成。常见的图像素材有企业产品、企业建筑、企业人员、企业工程项目、和主题相关的修饰图像、说明资质的图标等。文字主要由企业文化、宣传口号、产品描述等构成。

主体部分主要是各栏目的具体信息。底部一般是版权信息、友情链接、企业联系方式、说明性信息等。二级页面为了保持整体网站的风格，往往只在页面主体部分保持不同。当然也有一些例外，如服装、汽车等制造业企业网站，则更注重网站的展示功能，以大量的修饰动画、图片素材修饰为主。

2. 行业类综合网站

该类型网站的布局结构常采用骨骼型布局。主要特色是属于行业性门户网站，主页上资讯非常丰富，由于访问对象主要是行业内企业及相关人员，因此资讯的及时、全

图 1.14 九鼎集团网站主页

面、准确就成为网站的首要因素,美观等因素则是次要。同时,广告收入也是该类型网站的重要收入来源,因此该类型网站会在页面上大量放置相关行业企业广告。如图 1.15 所示为中国线缆网网站的主页。如图 1.16 所示为机电之家网站的主页。

图 1.15 中国线缆网网站主页

该类型网站也即所谓的行业门户,可以理解为"门+户+路"三者的集合体,包含为更多行业企业设计服务的大门,丰富的资讯信息,以及强大的搜索引擎。"门",即为更多的行业及企业提供服务的大门。搭建行业类网站还可以利用一些工具和成熟的行业门户网站解决方案来实现,做行业门户最核心的基础是有庞大的行业数据量。行业门户网页架构技术+自动采集与发布的搜索引擎技术+网站会员与互动的即时通信系统,是行业门户网站搭建的最佳解决方案。该类型网站的导航条类目设计也是以企业的需求为特色来构成的。在主体部分,行业产品的分类非常重要,是方便访问者寻找资讯的重要渠道。作为行业性网站,论坛部分在网站中也占据了相当重要的地位,是访问者互相了解、互动、分享资源的地方。

图 1.16　机电之家网站主页

行业网站作为第三方电子商务平台重要的一支力量，大力推进着中小企业电子商务的应用进程，成为企业网络营销的重要途径，有效地将流量转化为商业价值。中小企业实施网络营销的主要途径是搜索引擎和第三方电子商务平台，其中第三方电子商务平台越来受到中小企业的青睐，成为其进行商务活动、获得订单的主要途径。

3. 电子商务商城网站

京东商城是国内最大最专业的从事数码、家电、计算机、百货类购物的网上商城之一。如图 1.17 所示为京东商城的网站主页。京东商城的版面布局大致是骨骼型布局结构。色调为喜庆的红色。京东商城的顶端部分由网站的 logo 和导航条组成。由网上购物商城的性质所决定，它的导航条一般不同于前面所述的企业网站的导航条，网上购物商城的导航条的主要类目是由主营业务的分类构成的，京东商城的导航条包括服装城、美妆馆、超市、生鲜、全球购、闪购、团购、拍卖、金融等营业分类。

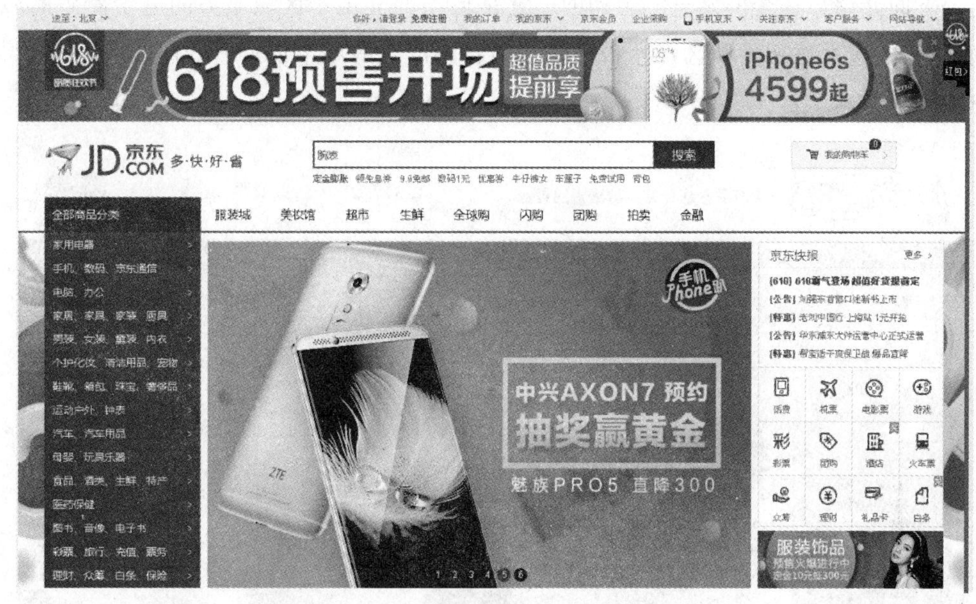

图 1.17 京东商城的网站主页

京东商城左侧为商品分类导航菜单样式，包括家用电器、手机数码通信、电脑办公、家居家具家装等 15 个主营分类。为商品分类导航菜单添加了鼠标滑过事件，因此鼠标滑过时会向右侧弹出其对应的二级菜单。在购物时，通常会在搜索框中输入需要选购的物品名称或关键词来查找相应的物品，如果不知道需要选购的物品的名称，则可以通过左侧的商品分类导航菜单，找到物品对应的分类，一级一级查找，直到找到该物品。

在导航条的上方，页面中间有搜索栏，方便访问者搜索相关信息。中间主题部分是商品促销信息区。由自动轮换的促销活动图像或者动画组成。下面是橱窗展示区，就像实体店铺中的橱窗一样。电子商务网站主页的内容有限，为了尽可能多地展示商品，一般橱窗展示区中每个商品都采用小的缩略图加上简要的标题文字和价格进行表示。在主体部分右边列表中，常设置相关的畅销排行榜、特卖活动信息等来帮助访问者挑选商品。

在左侧则是分类列表，采用层级式的分类列表索引可以体现比较强的层次关系和比较好的扩展性，同时也能够比较容易展示商品的位置。京东商城采用了三层的结构,展示了其经销的商品,有如立体的货架。在底部,网上购物商城除了常见的版权信息等外,还有“购物指南”、“配送方式”、“支付方式”、“售后服务”等解决访问者购物疑问的栏目信息。

下面介绍另一个网站——想购网。它是典型的立足于区域服务的电子商务商城网站,是一家为杭州主城区百姓和单位提供农副产品的网上商城。如图 1.18 所示为想购网的网站主页。

图 1.18　想购网的网站主页

该网站的布局结构和京东商城类似。作为商城这种需要直接面对消费者的电子商务网站,若有客服电话往往放在首页顶部显著的位置,便于消费者查找的搜索栏也放在页面顶部导航栏上方或者下方的显著位置,另外一个会放置到顶部显著位置的就是“购物车”。主体部分也与一般商场类似,从左到右依次为分类列表区、促销宣传区、橱窗展示区、相关信息动态区等。具体商品信息均由商品图片、商品名称、规格、价格等构成。主页的底部一般是常见问题、友情链接、网站版权、备案等信息，而购物的网上商城其主页底部则有常见的“购物指南”、“付款方式”、“配送方式”、“售后服务”、“关于我们”等栏目。

二级页面一般是具体某样商品的描述页面，结构和主页类似，首先是该商品的不同展示图片，然后图的右侧是该商品的名称、规格、运费、价格、付款方式等。之后是“加入购物车”、“立刻购买”和“加入收藏”等处理该商品方式的按钮。下面则是详细的“商品介绍”、“用户评价”等栏目。网上商城展示物品信息的目的，是为了帮助顾客了解物品信息，促进商城销售。因此有效地展现物品信息，需要图文并茂，从图的角度来看，需要从顾客的角度出发，以清晰度高的图片，多角度地呈现，既要有整体图、局部图，又要有实际使用情况图。从文的角度来看，要以清晰明了的文字说明物品的性能、价格、运费等信息，当然顾客也多从售后评价中获取到相关信息。对于同样的物品，网站页面设计较好的网上商城更能吸引顾客购物消费。

1.4 网店装修常用布局

当当网、亚马逊、京东商场等都是现在知名的网上购物商场。电子商务网店从结构上来讲和网上购物商场非常类似。可以按照网上购物商城的设计方法进行规划设计。以淘宝网为例，可以参照其店铺结构示意图（如图 1.19 所示）来设计制作。店铺的招牌区是在网店顶端的部分，可以放置网店 logo、banner 条和导航条的结合。左侧模块 A 和 B 经常放置一些店铺告示板、信息栏和排行榜等。宝贝分类是网店中最主要的分类列表。促销模块是网店的促销信息区。右侧模块 A 和右侧模块 B 常用于显示橱窗展示区。

除了上述如图 1.19 所示的淘宝店铺结构图外，网店装修常用布局还有如下几种形式，主要包括分组清晰型、展示形象型、注重搭配型等。

版式 1：分组清晰型。

如图 1.20 所示为分组清晰型版式，该网店首页布局中，将店招（店铺招牌）、导航和欢迎模块都设计为宽幅的画面效果，可以扩展顾客的视野，给人广阔的视觉感。

在网店首页的其他区域中，通过使用标题栏对每组不同类型的商品进行分组，给人一种整齐利落的感觉，并且可以简单、正确地表达相关的商品信息，整个版式显得更具条理。在分组中适当添加客服区，有提示作用，但是不影响整体的布局，适当地运用

图 1.19　淘宝旺铺主页结构示意图

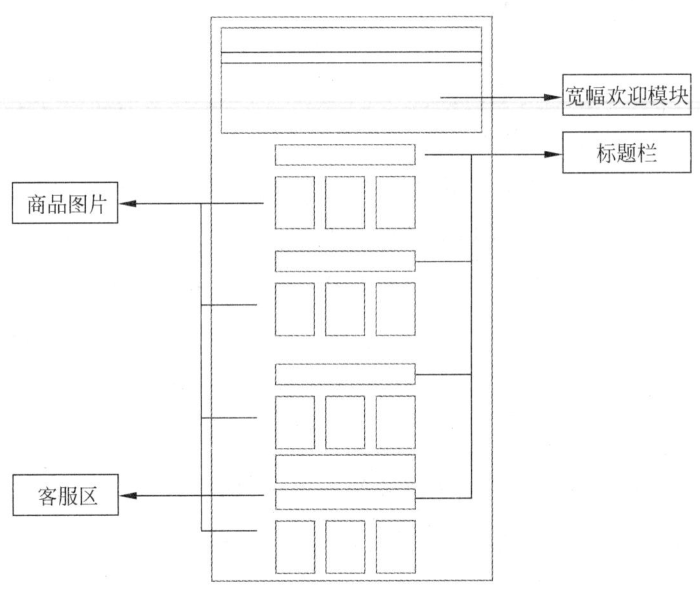

图 1.20　分组清晰型版式

留白和分割，能够让整个版式给人一种视觉上的舒适感，表现出清晰的分组效果。

版式 2：展示形象型。

如图 1.21 所示为展示形象型版式，该布局是将店招和导航设计为宽幅的效果，而将欢迎模块设计为标准的尺寸大小，由此来迎合下方的信息内容，应用这样的版式要注意背景的设计，尽量使用纯色和浅色底纹的图案，避免造成喧宾夺主的效果。

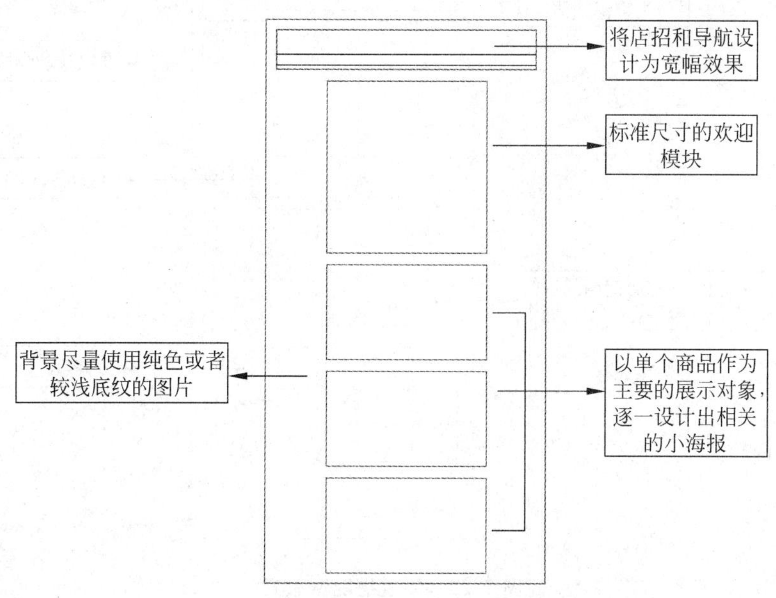

图 1.21　展示形象型版式

网店首页的下方使用大小相同的海报来对单个商品进行展示，让整个版式体现出强烈的秩序感，能够将各个商品的展示进行平衡，但是缺点是所能呈现的信息量有限，而且较为单一，因此要注意整体色彩和风格的把握。

版式 3：注重搭配型。

如图 1.22 所示为注重搭配型版式，该网店首页的布局将店招、导航和欢迎模块都设计为宽幅效果。值得注意的是，该布局中没有标题栏，而是将相关的商品进行有创意的、合理的搭配，组合在一个画面中，形成一个完整的效果。这样的设计对店铺中商品的种类要求比较高。

此外，在首页中还添加了活动展示区和客服区，把两个搭配区域分割开，这样的版式和内容的设计让网店中的信息更具节奏感，让每组信息都能很好地展现出来，不会增加顾客阅读的负担。

版式 4：引导视线型。

如图 1.23 所示为引导视线型版式，该网店首页的布局，在设计中将文字信息与商品的图片进行对角线排列，形成 S 形效果，表达出一种自由奔放的感觉，并成功地营造出视觉上的动态感，能够让顾客的视线随着商品或者文字的走向进行自由的移动，看上去比较清爽利落。

在首页的底端，添加上客服区，对版式起到一种总结和收尾的作用，同时增添了布

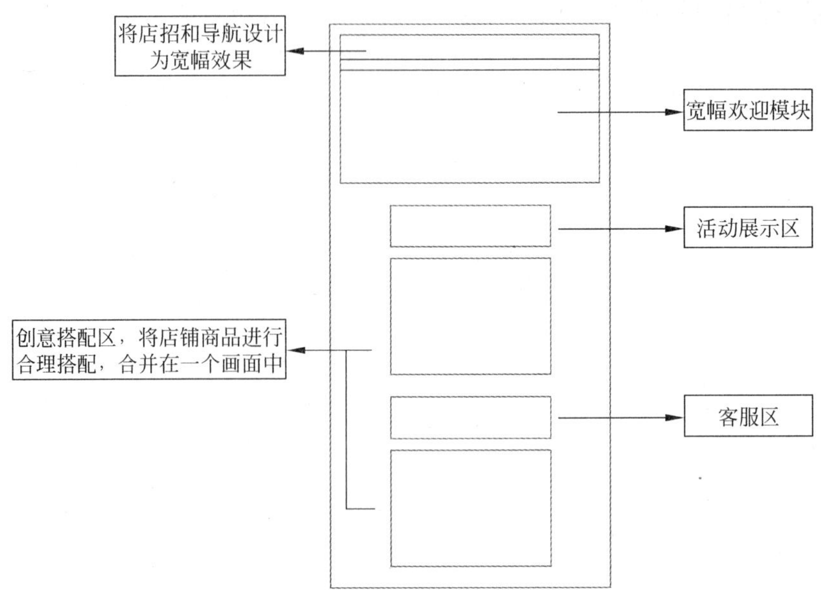

图 1.22　注重搭配型版式

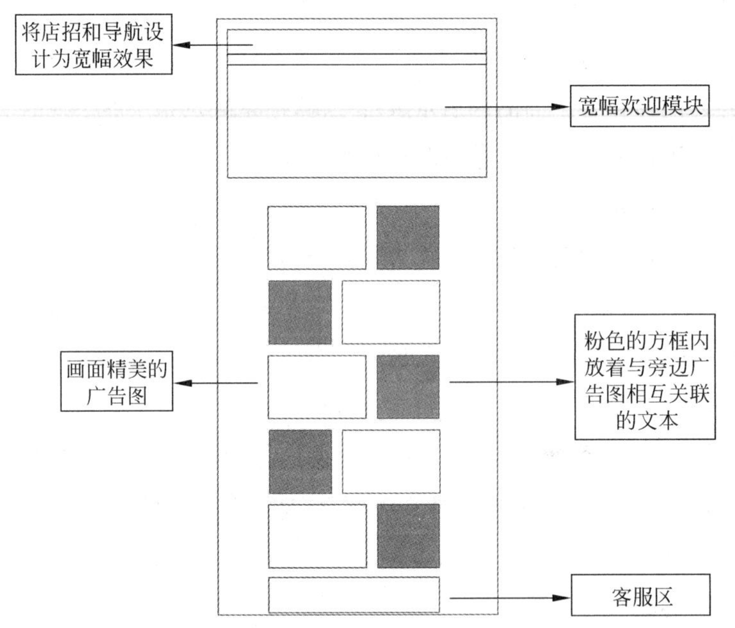

图 1.23　引导视线型版式

局的实用性，让顾客能够及时地询问客服，提升网页装修和布局的魅力。

版式 5：集中视觉型。

如图 1.24 所示为集中视觉型版式，该网店首页的布局设计中，使用九宫格的布局方式对商品图片进行展示，将众多的商品一次性、等大地展示在顾客的面前，能够有效地表现出各个商品的形象，顾客的视觉能够将画面在短时间内形成一个整体，从而形成一种统一感，把浏览者的视线集中到一处。

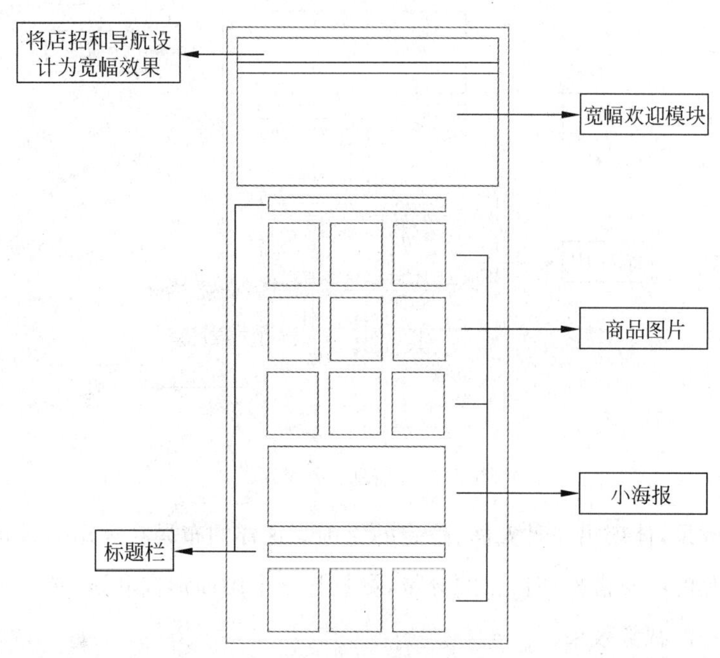

图 1.24 集中视觉型版式

除此之外，还通过标题栏模块来让商品的信息分类更加清晰，并且通过小海报精致地展现出具有代表性的商品，有画龙点睛的作用。

版式 6：信息丰富型。

如图 1.25 所示为信息丰富型版式，该网店首页布局中，包含小海报、优惠券、标题栏、商品图片和客服区，将首页中能够放置的信息基本都合理地堆砌到了一起，使整个首页的信息相当丰富。对每个模块的大小进行观察，可以发现该布局是利用大小来营造出画面信息主次关系的。

布局中最大的亮点就是“商品图片”区域中的设计，利用递增的方式添加每行的商品数量，让顾客感受到商品的丰富，更加易于顾客接受，表现出一种安静而稳定的视觉效果。

版式 7：对称页面型。

如图 1.26 所示为对称页面型版式，可以看到该布局将画面进行纵向分割，形成了

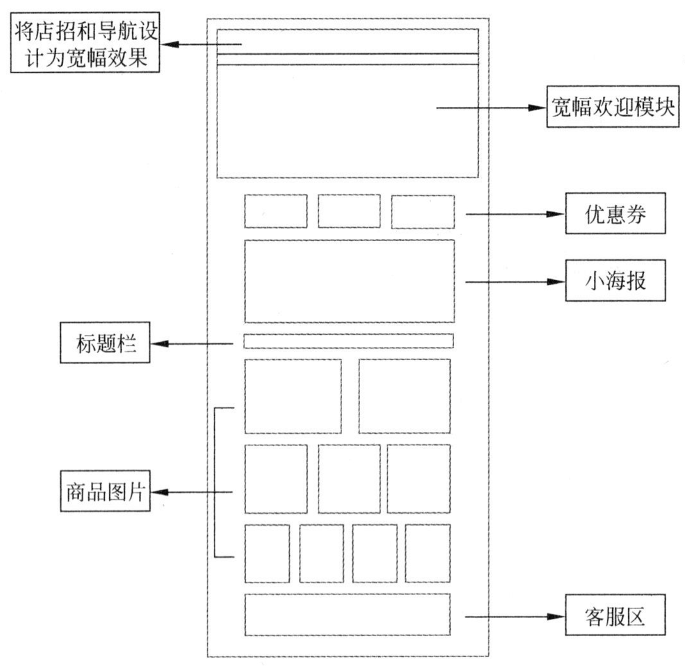

图 1.25 信息丰富型版式

左右对称的效果，体现出一种安静、稳定的氛围。这样的布局在运用的过程中，要特别注意设计图片的色彩搭配和信息的分量，尽量让整个画面形成和谐、统一的感觉，避免形成轻重不一的视觉效果。

布局效果图所包含的信息也非常丰富，为了避免画面呆板，在设计中可以适当地添加修饰元素，丰富画面内容，避免完全对称给人一种单一的感觉。

版式 8：金字塔型。

如图 1.27 所示为金字塔型版式，该网店首页布局，将广告商品在小海报中呈现出来，利用递增的方式对推荐商品区图片进行设计。同理，活动商品区的图片更多，由此逐一增加模块数量的方式打造出类似金字塔的布局效果，由于都是两组信息进行同时变化，给人一种自然的过渡感觉，更加利于顾客的感官承受，能够给浏览者留下深刻的印象。

这样的布局想要体现出和谐、统一的感觉，可以从画面的背景和修饰元素的添加上多下功夫，自然而然地表现出成列商品的主次感。

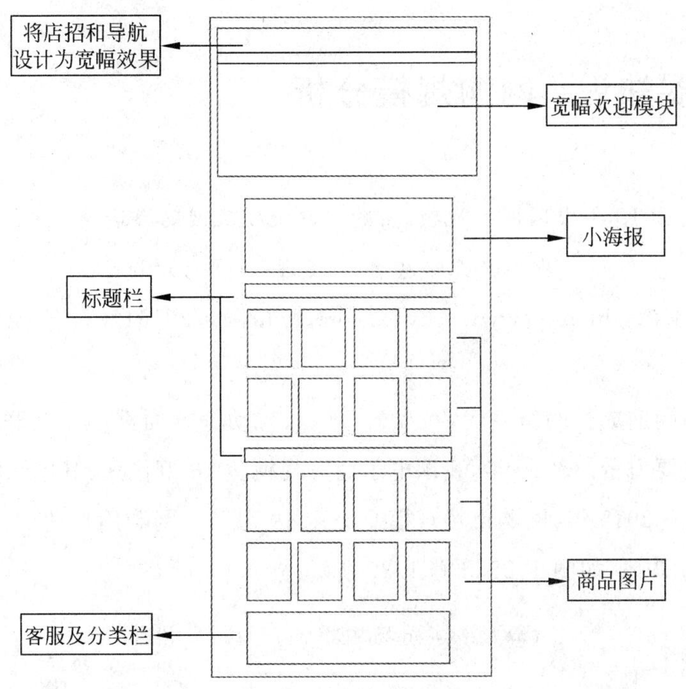

图 1.26　对称页面型版式

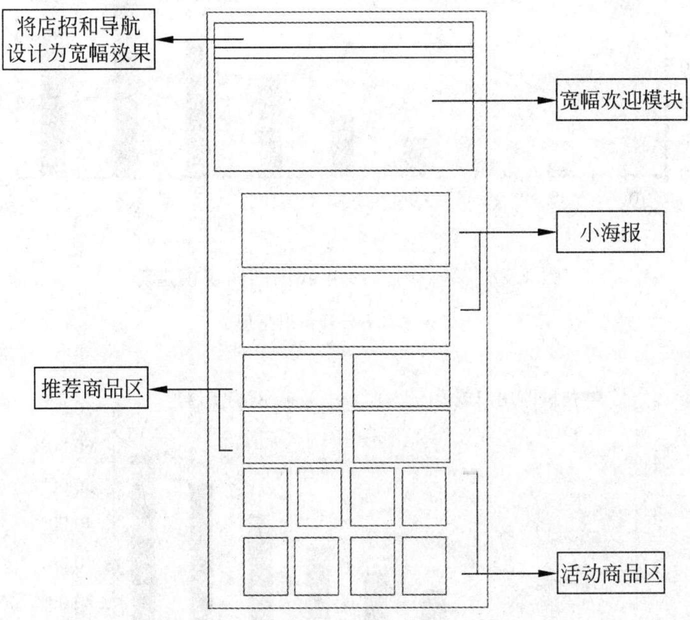

图 1.27　金字塔型版式

1.5 拓展知识：网购规模分析

2016 年中国网购规模、网购用户规模及网购渗透率分析

中国产业信息网 2016 年 12 月 15 日

（资料来源：http://www.chyxx.com/industry/201612/477636.html）

与互联网同期成长的新生代，在观念、意识、行动等方面都趋于互联网化，是今后网络消费的主要力量。2015 年，我国电子商务规模达 18 万亿元，其中网购规模达 3.8 万亿元。2007—2015 年，网购市场规模 CAGR 达 71％。网购用户达到 4.13 亿元，网购渗透率达到 60％，如图 1.28 和图 1.29 所示。

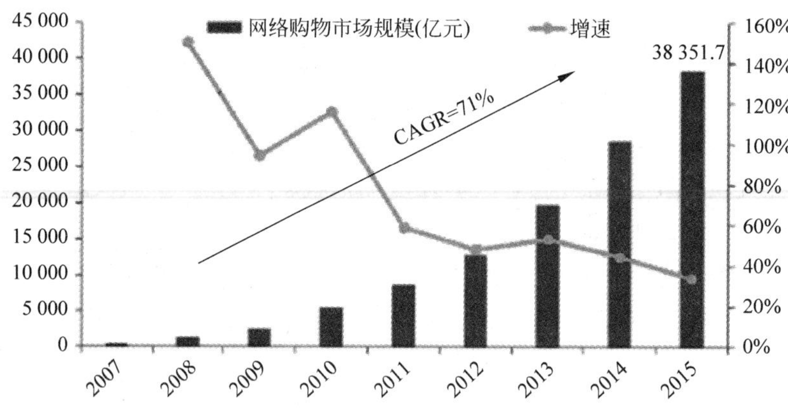

图 1.28　2007—2015 年我国网购规模走势

数据来源：公开数据整理

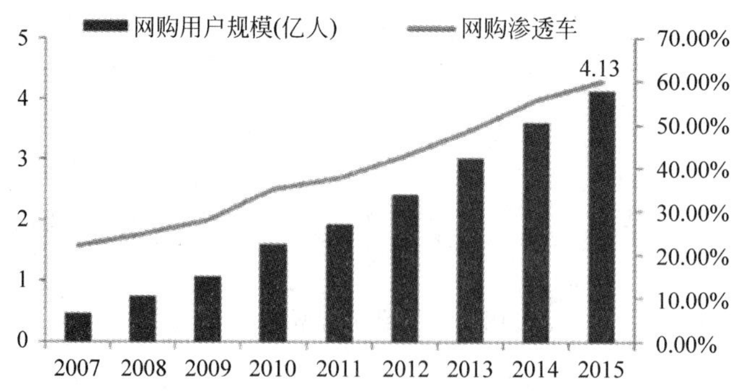

图 1.29　2007—2015 年我国网购用户规模及网购渗透率

数据来源：公开数据整理

2015年跨境网购在网购市场的渗透率达到3.1%，随着中国进口零售电商市场的交易规模不断增长，其在中国网购市场中的渗透率也逐步增加。预计在2018年其渗透率将达到7.0%。2012—2018年中国进口零售电商在网络购物市场中的渗透情况如图1.30所示。

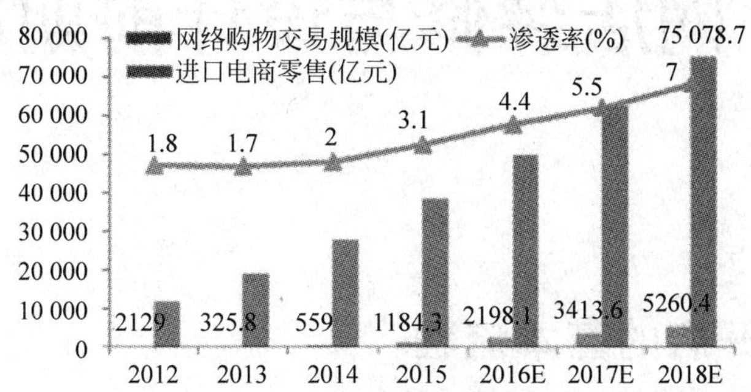

图1.30　2012—2018年中国进口零售电商在网络购物市场中的渗透情况

数据来源：公开数据整理

随着人们生活质量的上升，国内食品安全环境改善以及产品创新的相对缓慢，诸如奶粉、化妆品、奢侈品等具有较高品牌壁垒的商品，短期内国内生产制造企业供应的产品尚不能形成进口替代，未能满足国人对高品质的追求，中国消费者逐渐形成购买进口商品的习惯，这一领域依旧是跨境零售电商增长的主要增长点。同时随着中国制造的升级，中国商品在海外消费者中的竞争力也在逐渐形成，诸如服装、3C产品等依然较外国商品具有性价比的优势，也是当前跨境出口电商提供的主要产品类型。总结来看，海外与国内生产部门的比较优势差异促进了跨境消费端增长的持久动力。

第2章 网店装修与设计前期准备

2.1 网上开店的基本流程

网上开店与开传统的店铺没有区别，开网店之前首先要考虑好经营什么产品，然后选择开网店的网站，例如淘宝网、拍拍网等，可以根据情况选择。开店之前，需要学习的东西可不少，在“淘宝大学”针对网店装修与设计、货源、价格、物流、售后等都给出了相应的学习参考资料。下面以淘宝网开店为例说明开网店的基本流程（如图2.1所示）。

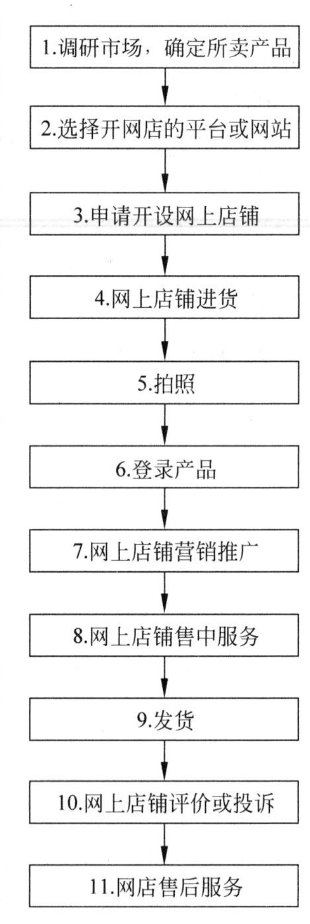

图2.1 开网店的基本流程

1. 调研市场，确定所卖产品

尽可能选择有特色的商品，保证商品价廉物美。

2. 选择开网店的平台或网站

一般都以实名制和身份证等有效证件进行注册，注册时选择有特色的名字，有利于店铺的推广。

3. 申请开设网上店铺

详细填写店铺所提供的商品的分类，并为网店起一个醒目的名字，以便吸引人气，推广店铺。

4. 网上店铺进货

低价进货、控制成本非常重要。至于进货渠道可以在各地的批发市场、网站或厂家直接进货。

5. 拍照

商品进来后，要为商品拍摄照片。实拍照片能让买家感到真实，也能体现卖家的用心。照片拍好后，可以在照片上打上水印，标明店名、店址，防止别人盗用图片。

6. 登录产品

需要把每件商品的名称、产地、所在地、性质、外观、数量、交易方式、交易时限等信息填写在网站上，最好搭配好商品的图片，名称应尽量全面，突出优点。

7. 网上店铺营销推广

除了开店初期的营销推广外，还要在网上网下多种渠道一起推广。还可以利用不花钱的广告，例如与其他网上店铺和网站交换链接等。

8. 网上店铺售中服务

顾客在决定是否购买的时候，很可能需要很多店铺没有提供的信息，因此随时在网上，及时、耐心地回复顾客的提问是非常必要的。

9. 发货

收到支付宝的打款通知后，还有运送关要过，不管是平邮还是快递，要用尽可能省钱的方式将货物安全地运送到买家手中。

10. 网上店铺评价或投诉

信用是网上交易中很重要的因素。为了共同建设信用环境，如果交易满意，最好给予对方好评，并且通过良好的服务获取对方的好评。如果交易失败，应给予差评，或者向网站投诉，以减少损失，并警示他人。如果对方投诉，应尽快处理，以免为自己的信用留下污点。

11. 网店售后服务

货物卖出不代表交易就此结束了。还有售后服务,不管是技术支持还是退换货服务,都要做到位,才是一位好卖家,才会有回头客。

2.2 网店装修的重要性

1. 网上开店的现状

互联网的发展催生出各种B2C、C2C电子商务平台,尤其以淘宝网为代表,在为人们带来了一个更加灵活的购物方式的同时,也为许多普通人提供了一个灵活、方便、低门槛甚至零门槛的创业机会,即“网上开店”。如果要涉足网上开店,首先必须对网店和自己要有一个清晰全面的认识。所谓开网店就是经营者在自己或别人搭建的相关网站平台上(例如淘宝网、拍拍网等)注册一个虚拟的网上商店,然后将自己所要售卖的商品信息发布到网店页面上,等待顾客拍下商品实现交易的过程。

从当前的网上开店的现状与政策来看,互联网为世界带来了翻天覆地的变化,同时也给年轻人提供了数之不尽的创业机会。近些年来我国网民也在日益增长,根据中国互联网信息中心(CNNIC)2016年1月发布的《中国互联网络发展状况统计报告》,截至2015年12月,中国网民规模达6.88亿,全年共计新增网民3951万人。互联网普及率为50.3%,较2014年年底提升了2.4个百分点。随着互联网的普及,网上购物呈现出无穷的商机。截至2015年12月,我国网络购物用户规模达到4.13亿户,较2014年年底增加5183万户,增长率为14.3%,我国网络购物市场依然保持着稳健的增长速度。与此同时,我国手机网络购物用户规模增长迅速,达到3.40亿户,增长率为43.9%,手机网络购物的使用比例由42.4%提升至54.8%。

2015年,政府部门出台多项政策促进网络零售市场快速发展。《“互联网+流通”行动计划》和《关于积极推进“互联网+”行动的指导意见》明确提出:推进电子商务进农村、进中小城市、进社区,线上线下融合互动,跨境电子商务等领域产业升级;推进包括协同制造、现代农业、智慧能源等在内的11项重点行动。上述政策有利于电子商务模式下大消费格局的构建。《中共中央关于制定国民经济和社会发展第十三个五年规划的建议》提出将“共享”作为发展理念之一，而网络零售的“平台型经济”顺应了这一发展理念，使广大商家和消费者在企业平台的共建共享中获益。

尽管电商平台风起云涌，你争我夺，电子商务经过迅猛发展的几年，各行各业都已经被做透，人们想得到想不到的物品，都能在网上找到，很难找到“人无我有”的物品，另一方面很多优秀的B2C网站也越来越受更多人的欢迎。但是淘宝网依然独大，而且是个人开店的首选平台。

2. 网上开店的利弊

与实体店对比，网店的优势是显而易见的。首先，网上开店的投资少，相对于实体地面商店而言，网店少了店面租金，而土地价值的不断攀升，使得店面租金成为实体店面发展的重要制约因素之一。因此对于大多数的创业者来说，开网店成为创业的首选。第二，网上商店基本无须占压资金，因为大多数网店都是放上样品，待有顾客拍下后才让供货商供货，这样就不会像实体店铺那样存在货物积压的情况。第三，延长了营业的时间。网店基本可以24小时营业。无论什么时间，全球各地总会有人在逛网店，不会像实体店那样，到了一定的时间就要关门。第四，传统实体店摆放商品的多少和生意的大小会受到店面空间大小的限制，而网上商店则可以任店主无限扩张，想摆放多少商品就摆放多少商品。第五，传统商店的客源流量通常来自店址附近，受地理位置的影响很大，而网上商店只要装修、宣传推广得当，可以广迎天下顾客。

网上开店的弊端在于以下几点：第一，货物展示方式不直接，只能依靠图片、文字和视频进行展示。不能像传统店铺那样供人实地检验查看。因此，很多顾客都会对产品产生怀疑。第二，物流问题是网上开店面临的一个非常重要且障碍很多的问题。物流中送货遗失、货物损坏、诚信不够等都可能是店主所面临的风险。第三，网上店铺相对于实体店铺而言其客源可能会不稳定，对于店主来说较难把握变化销售情况。另外，网上开店还会面临诸多安全问题，例如资金安全，职业差评师恶意敲诈，不明规则而被降分、处罚等。这些都需要店主时刻保持警惕。

鉴于开网店存在利弊，通常建议在开网店之前结合自身情况，将要开设的网店的各种利弊进行比较全面、系统、科学的SWOT分析(态势分析法)。SWOT分析是基于内外部竞争环境和竞争条件下的分析，S、W是内部因素，O、T是外部因素。在分析网上开店的时候，其优势(S)就是网上开店的各种好处，尽可能多地列举出这些好处，进行一一分级；劣势(W)就是开店的弊端；机会(O)即分析如果自己要开网店，当前有哪些机会，这是一个比较个性的分析，而不是像分析优势或者劣势那样很笼统地分析；威胁(T)即开网店本身存在的风险，店铺之间的竞争等。一般来讲，以下4类人比较适合开网店。

1）想拓展生意的实体店家

通常是指已经在做生意的实体店家，而且所售商品可以长途运输，那么想拓展生意而又不想投入太多资金扩大实体店面时，就可以考虑开网店。

2）进货方便的优势人群

如果住处离大型的批发市场较近，具有地理上的优势，进货、换货、退货等都比较方便的人可以考虑开设网店。

3）有较多空闲时间的在校学生

在校学生对网络世界非常熟悉，而且可供自由支配的时间较多，因此是比较适合开设网店的一类人。

在校学生对网络世界非常熟悉，而且可供自由支配的时间较多，因此是比较适合开设网店的一类人。

4）工作压力较小的上班一族

对于每天面对计算机时间较长，又不存在太大工作压力的年轻上班族来说，开设网店是他们在不影响正常工作的前提下，获得额外收入的工作之一。

综上所述，网上开店的前景是美好的，但是过程是曲折和艰难的，并不是每个想开网店的人都适合在网上开店，需要三思而后行。不然，就算店铺开起来了，也会无疾而终。

3. 网店装修的重要性

在真正开设网店之前，还要有一个认识——中小企业的平均存活率不到三年，新开网店的存活率也不会高。因此，要做好网店，提高网店存活率，要加强网店的优势，弱化网店的劣势。网店装修的核心是促进买卖的进行，吸引顾客的同时能更好地展示自己的物品。

1）品牌识别

网店装修能实现一个品牌识别的作用。对于网上店铺来说，独具特色的形象设计(网店标识等)能使外在形象长期保持发展，为商店塑造更加完美的形象，加深顾客对店铺的印象，同时让顾客感知，从而产生心理上的认同感。对于网络这个虚拟的环境，网店装修设计的重要性不言而喻。

2）购物体验

在网店环境的设计中，人机界面的设计是最重要的。顾客第一次进入网上店面，往往都是界面设计给他留下好感，对界面的布局产生共鸣，从而在其后的购买行为中，使顾客的内心产生趋向认同。增加顾客在网店停留的时间，为顾客带来美感，顾客浏览网页时不易疲劳，顾客自然会细心查看网页，促进成交。

3）空间使用率

对于实体店铺来说，空间产出率是衡量一个店铺效益的重要标准，因而每一个商家都尽力增加有限空间产品的数量，并尽力使得每件商品都能和顾客有接触。对于网上开店者来说，只有顾客能接触到的位置才是有价值的。对于顾客来说，其花费在购物上的时间也是计入其购物的成本之中的。因此需要增加一个虚拟网店空间的利用率和用户的有效接触。要完成这两个目的，一方面需要提升网店空间的使用率，让单一的网店容纳更多的产品；另一方面则需要在产品之间的关联和产品分类的优化上下功夫，给予顾客最大的选购空间和最简便的购物流程。

2.3 网店装修与设计准备

装修一个好的店铺，前期的准备规划是不可缺少的。开店之前，需要确定商品销售的类型，然后收集装修素材，设计出个性化的网上店铺。如果将店铺进行全套的装修，还可以更好地运用旺铺的促销来推动人气商品、促销商品，便于浏览者记住这个店铺，从而吸引顾客购买。

在淘宝网中，商品的分类很细，可以根据店铺的商品定位，为店铺起一个方便记忆的名称，并且根据商品类别设置分类。店铺装修使用到的所有图片都要依靠图片素材来完成。因此，需要提前建立自己的图片库，并为此收集大量的图片素材。这些素材都可以从网络上收集到，例如在百度中搜索关键词，在不涉及版权的情况下，都可以下载使用。打开其中一个提供图片素材的网站，即可看到很多素材图片。找到合适的图片保存在本地计算机中，方便设计店铺图片时使用。此外也可以购买一些素材图库，图库越丰富，素材越全面，设计时越容易。

网络空间对于在淘宝网上开店的卖家来说是必不可少的。因为店铺管理中只支持基本图片的上传，而大部分商品说明、图片等相关信息必须放置在自己的网络空间中。这就需要卖家自己在网络上找到一个存储图片的空间，用此来详细描述商品。

1. 免费空间相册

互联网上有很多提供免费相册的网络，例如网易、腾讯等。卖家可以将自己的商品图片上传到自己的相册中，实现上传并发布图片。但是免费相册有一些局限性，例如会对图片的大小、格式有一定的要求，并且有的相册会在上传的图片上添加网站的标识，有时还会出现图片无法显示的情况，这可能是图片的地址发生了改变。因此，也可以使用博客存储图片、租用图片空间，也可以租用虚拟主机。

2. 博客存储图片

通过博客存储图片的方法和在 QQ 空间的上传大致是一样的。在相册中右键单击图片选择“属性”命令，复制图片地址，最后在商品宝贝描述里插入图片地址即可发布图片。

3. 租用图片空间

租用图片空间则一般都是由比较专业的服务器运营商进行运营和维护，可以提供图片和 Flash 动画的上传，服务较安全、稳定，购买方式也比较灵活。用户可以根据自己的实际需要购买合适的存储空间。

4. 租用虚拟主机

虚拟主机是企业网站存放网站内容的一种普遍方式。虚拟主机系统稳定、管理方便，而且还能支持多种类型的文件，如图片、Flash 动画、网页等。虚拟主机的方式适用于希望拥有自己的购物网站或在淘宝网上开店的卖家。因此在费用方面，较上述其他几种形式投入大。

2.4 网店装修常用工具

网店装修与设计准确来说属于网页设计的范畴。网店装修无外乎图片的编辑、网页设计制作。这方面的工具如下所述。推荐使用 Dreamweaver、FrontPage、Photoshop、Firework。Dreamweaver、FrontPage 都是制作网页的专业软件，

Photoshop、Firework 则是图片设计方面的专业软件。其中任意两款软件组合起来使用就可以满足设计要求，如 Dreamweaver 和 Photoshop 组合。

1. 网页制作工具

1）Dreamweaver

以 Adobe Dreamweaver 为代表的网页制作工具，由于具备图形应用软件的操作性，是所见即所得的网页编辑器，支持最新的 XHTML 和 CSS 标准，所以即使人们对 HTML 理解尚浅，在某种程度上仍然可以制作网站。值得称道的是，Dreamweaver 不仅提供了强大的网页编辑功能，而且提供了完善的站点管理机制，也就是说，它是一个集网页创作和站点管理两大利器于一身的超重量级的创作工具。Dreamweaver 主要用于布局网页，将美工效果图实现为正式网页。另外，借助 Dreamweaver 还可以使用服务器语言，例如 ASP、ASP. NET、ColdFusion 标记语言、JSP 和 PHP 等，生成支持动态数据库的 Web 应用程序。如图 2.2 所示为网页制作工具的图标。

图 2.2 网页制作工具图标

2）FrontPage

Microsoft FrontPage 是微软公司出品的一款网页制作入门级软件。该软件使用方便简单，会用 Word 软件就能制作网页，所见即所得。后来它随着 Office 2007 改名为 Office SharePoint Designer 2007。该软件可以方便地进行文件夹管理、报表管理、导航管理、超链接管理和任务管理等。

3）Visual Studio

Visual Studio 是微软公司的开发工具包系列产品。它不仅用于设计 Windows 应用程序，同样适合设计 Web 应用程序。Visual Studio 中包括 Visual Basic、Visual C# 等程序开发工具，集程序的调试、编译等功能于一身，并且提供了详细的帮助，这是其他软件不能比拟的。但是，Visual Studio 适合具有较高的程序设计经验的人员。

4）Adobe Golive

Adobe Golive 是一套工业级的网站设计、制作、管理软件，可以让网站设计者轻易地创造出专业又丰富的网站。Adobe Golive 在可视化操作方面要比 Dreamweaver

更加人性化,可以让设计师通过简单的步骤就将作品制作为网页。借助直观的可视工具,充分利用 CSS 的功能,利用来自 InDesign 的 Golive 程序包、Golive Co-Author 以及 CSS 可视化界面和对 Adobe PDF 的广泛支持等创新性能,Golive 允许创作人员更迅速地进行网页设计和制作。此外,Golive 还可以在基于标准的高级编码环境中设计 Web 和移动设备内容。2008 年,Adobe 公司宣布停止开发、销售该软件。

2. 网页图形图像处理工具

1) Photoshop

Photoshop 是 Adobe 公司开发的一款功能强大的平面图像处理软件,也是迄今为止世界上最畅销的图像编辑软件,其强大的功能和友好的界面深受广大用户的喜爱。由于 Photoshop 软件在图像编辑、桌面出版、网页图像编辑、广告设计、婚纱摄影等各行各业的应用,它已经成为图像处理行业的事实标准。Photoshop 支持多种图像格式及多种色彩模式,还可以任意调整图像的尺寸、分辨率及画布的大小,使用 Photoshop 可以设计出网页的整体效果图、网页 logo、网页按钮和网页宣传广告等图像。Photoshop 中包含的 ImageReady 是用于网页图片制作的,其缺点是体积庞大,操作比较复杂,非专业人员很难熟练掌握。如图 2.3所示为网页图形图像处理工具的图标。

图 2.3　网页图形图像处理工具图标

2) Illustrator

Illustrator 是 Adobe 公司开发的一款应用于出版、多媒体和在线图像的工业标准矢量插画软件。据不完全统计,全球有 37%的设计师在使用 Illustrator 进行艺术设计。该软件最大的特征在于钢笔工具的使用,使得操作简单、功能强大的矢量绘图成为可能。

3) Fireworks

Fireworks 是 Adobe 公司开发的一款优秀的网页图形图像处理应用软件。Fireworks 与多种产品集成在一起,包括 Macromedia 的其他产品(例如 Dreamweaver、Flash、FreeHand 和 Director)和其他用户喜欢的图形应用程序及

HTML 编辑器，从而提供了一个真正集成的 Web 解决方案，可以帮助网页图形设计人员和开发人员解决所面临的特殊问题，提高工作效率。

3. 网页动画设计与制作工具

1）Flash

Flash 是 Adobe 公司的产品，它是交互式矢量图和 Web 动画的标准。网页设计者可以使用 Flash 创作出既漂亮又可以改变尺寸的导航界面以及其他奇特的效果。Flash 是在互联网上动态的、可互动的 shockware。它的优点是体积小，可以边下载边播放，以此避免用户长时间的等待。可以用其生成动画，还可以在网页中加入声音，这样用户就能生成多媒体的图形和界面，而文件的体积却很小。同时，Flash 还能用其内置的语句并结合 JavaScript，制作出互动性很强的网页来。如图 2.4 所示为网页动画设计与制作工具的图标。

图 2.4　网页动画设计与制作工具图标

2）Ulead GIF Animator

Ulead GIF Animator 是 Ulead 公司发布的一个简单、快速、灵活、功能强大的 GIF 动画编辑软件，它使得网页设计者可以快速轻松地创建和编辑网页动画文件。同时，Ulead GIF Animator 也是一款不错的网页设计辅助工具，还可以作为 Photoshop 的插件使用，其丰富而强大的内置动画选项，使设计者能够更方便地制作出符合要求的 GIF 动画。

4. 网页配色辅助工具

1）Color Schemer Studio

Color Schemer Studio 是一款优秀的专业配色软件。它为设计者提供了非常丰富的网页配色解决方案，使用时也非常方便，只需要在“颜色轮”、“颜色协调”或“推荐颜色”三种窗口中自由切换即可。Color Schemer Studio 的主要特点在于：工作域采用 RGB 和 CMYK 的色彩管理环境；能够创建并且保存调色板；识别色彩和谐；能够转换成一个完整的配色方案；能够混合颜色和创造梯度混合；能够找到类似或相关的颜色；能够进行分析对比，具有高度的可读性；能够抓取屏幕上任何地方的颜色；能够打印用户的配色方案。如图 2.5 所示为网页配色辅助工具的图标。

图 2.5　网页配色辅助工具图标

2）Play Color

Play Color 是在 Visual Basic 5.0 开发平台上开发的免费软件，该软件适合网页制作和编程。该软件的特点是拥有友好的界面和小巧的身躯，可以获取屏幕上任何地方的颜色，以 RGB、网页、十六进制、色素代码以及 Delphi 颜色输出（也可以直接输入调配颜色）。还自带真彩色调色板和颜色收藏夹，以及一些颜色处理功能。

2.5　网店装修设计的注意事项

网店页面设计既是一项技术性工作，又是一项艺术性很强的工作。因此，设计者在装修网店时除了考虑网店本身的特点外，还要遵循一定的艺术规律，从而设计出色彩鲜明、性格独特的网店。网店页面设计中要遵循的审美三原则如下。

1. 特色鲜明

一个网店的用色、素材等必须要有自己独特的风格，这样才能显得个性鲜明，突出行业属性，给浏览者留下深刻的印象。店铺装修前，一定要明白自己产品的属性、特点以及它的行业特征，在此基础之上为装修设计选择相应的色彩、插图等。例如五金产品，可以用红色、灰色，但是不适合用粉红色。

2. 搭配合理

网店页面设计虽然属于平面设计的范畴，但它又与其他平面设计不同。它在遵从艺术规律的同时，还考虑人的生理特点，色彩搭配一定要合理，给人一种和谐、愉快的感觉,避免采用纯度很高的单一色彩,这样容易造成视觉疲劳。有的人喜欢把店铺搞得花枝招展、到处是闪烁的动画,表面看起来是很丰富,其实并不能留住顾客。动画太多也幌得头晕,除非店铺是卖 LED 灯光设备、舞台音箱这些产品,否则不要把店搞得像个 KTV。

3. 讲究艺术性

网店装修设计也是一种艺术活动,因此它必须遵循艺术规律。在考虑到网店本身特点的同时,按照内容决定形式的原则,大胆进行艺术创新,设计出既符合网店要求,又有一定艺术特色的网店。

网店装修设计的小常识如下。

1) 图片单位

在日常的设计工作中,常用字的单位是 cm、mm 等,但网页则是以"像素"为单位的。在设计时,一定要把 PS 的单位调整为"像素"。

2) 图片大小

图片的设计处理多数是由 PS 软件完成,生成的是"位图"。其最大的不足之处就是,当图片发生放大、缩小、旋转等变化时会出现马赛克现象。所以,在设计过程中,一定要根据实际大小来制作,不要把设计好的图片进行再次缩放变化。

3) 颜色模式

这也是很多新手最容易忽略的问题,计算机显示屏与网页显示的颜色为 RGB 模式,但 PS 软件有 RGB 与 CMYK 等多种可选,在制作网页图片时,PS 的颜色模式项一定要选 RGB,而用其他 CDR 或者 AI 制作图时,导出 JPG 后,也要通过 PS 进行色彩的校正。

4) 图片格式

在网页中,常用的图片格式有 JPG 与 GIF 两种,JPG 为有损压缩图片,GIF 则可以制作成动画。

5) 保存大小

如果图片太大,显示变慢,不利于浏览。对颜色不多的图片,如选 JPG 项,在"图像选项"输入 7 就可;如是 GIF 图片,"颜色"项可选 128 或者 200 等。

2.6 拓展知识：网店店铺定位

淘宝店铺如何定位：淘宝新手如何店铺定位？

淘宝论坛 2014 年 3 月 11 日

（资料来源：http://info.hhczy.com/article/20140311/19718.shtml）

导读：淘宝的双十一活动，相信我们大家都不陌生。一个淘宝店铺只能有一个定位，不能风格多变；就像我们的网站一样只有一个主题；同时也像我们小时候写作文一样只有一个中心思想。

2011 年，淘宝天猫双十一活动创下了 52 亿元的销售额；2012 年里，淘宝双十一活动更是再创新高，单天销售额竟达到了 191 亿元。就是因为这样，让更多的传统行业和个人看到了淘宝电商这块的市场，同时也有很多企业和个人希望能加入进来。2013 年淘宝天猫双十一销售额 350 亿元，成为全球最大网络购物节。此外，手机淘宝也很抢眼，其整体支付宝成交额 53.5 亿元。24 小时里，支付宝实现成功支付 1.88 亿笔，再次刷新了前一年同期 1 亿零 580 万笔的全球记录。同时共有 17 家店铺成交过亿，43 家过五千万，443 家店铺成交破千万。

之前有一份数据，里面主要是淘宝的相关数据。但里面有提到淘宝每天新开店铺的数量达到几千甚至上万，同时每天关闭的店铺也有几千甚至上万家。这里面虽然有的是没有坚持，其中原因更多是大家对于自己店铺的定位还不够明确。

如今在淘宝开店必须有自己的定位，笔者对于淘宝店铺定位有几点小小的看法：①店铺定位；②产品定位；③装修定位；④价格定位；⑤人群定位。只有将定位做好了，才能有条不紊地进行网店工作。下面就来详细地讲一下以上的 5 种定位。

1. 店铺定位

一个淘宝店铺只能有一个定位，不能风格多变；就像网站一样只有一个主题；同时也像写作文一样只有一个中心思想。如果什么都想获得，最终只会表现平平。店铺的风格定位是一种取舍，为了获得一部分客户，就必须要果断地放弃另一部分客户。风格就是一种残疾，一种缺憾的美丽——我们的缺点太多，难以全部完善，所以只能尽力发挥我们的长处，而不是费时费力地补充短处。扬长永远比避短有效。在二八原理面前，木桶原理就是个渣。

2. 产品定位

店铺 80％的产品注定都是配角，只能作为一种跑龙套的角色。我们要很快分清楚哪些产品是精英，哪些是炮灰。对于那些炮灰产品，涉及打折、引流、赠品，甚至降权都要用到，它们就是用来顶缸的。主打产品不要轻易降价，要保留充足的库存，好的口碑，不错的毛利，所有产品都要尽可能向它们引流。

3. 装修定位

要始终明白一个道理，店铺追求的是一种缺憾的美，一种残缺的优势。将优势发挥到最大，就是胜利。品牌就是一种价值主张，一种生活主张——可所有的价值主张都不是圆满的，与其这样，在开始的时候就要学会放弃完美的思想。大衍之数五十，其用四十有九。天地尚且不全，做人何必求全；既然不求全，那就要追求一种特立独行的优势。

4. 价格定位

我们都知道，经商有风险，没有人做生意能稳赚不赔。不是所有产品都要赚钱，不是所有产品都值得精心维护。绝对不能将所有产品一概而论，更不能一视同仁。必须要牺牲一部分产品，来换回主打产品的上位。在这方面，我们必须首先定位，找出自己需要培养的产品，然后下一步需要思索的是：怎么牺牲那些炮灰角色来换回主打产品的上位。

5. 人群定位

人群定位是开店前定位中的一个重点。我们要考虑店铺产品所要面向的主流消费人群是哪些？是男性还是女性？年龄段是哪个？消费能力怎么样？这些都是需要在开店之初就做好相关定位的，以方便后续的营销推广策划的开展。所以人群定位也是开店前定位中的一个重点。

定位不管是对于网站是网店都是最初的一步，也是最重要的一步，没有定位就没有章法可循。有一句老话说得很有道理，那就是“磨刀不误砍柴工”。所以作为新手来说，不要冒冒失失地就冲进去，先要做好最基础的工作，再去谈其他的。

第3章 搭建网店页面

3.1 处理修饰商品图片

拍好的照片，一般是不能直接上传到网店中的，其原因有三点。第一，图片所占空间太大；第二，需要自行修饰商品图片；第三，需要自行制作好店铺的水印。本节说明如何修饰商品的图片。

处理商品图片常用的软件主要有两款，一款是 Photoshop，另一款是光影魔术手。Photoshop 是世界上公认的功能最全面、最强大的图片处理软件，但是操作起来比较复杂。而光影魔术手则是一款绿色软件，不需要任何专业的图片处理技术就可以直接上手使用，其中的批量处理图片的功能比较强大，能够满足绝大多数商品图片处理的需要。因此除了部分有难度的效果处理由 Photoshop 来完成，其他的都可以使用光影魔术手来实现。那么光影魔术手到底是什么呢？光影魔术手是国内最受欢迎的图像处理软件之一，该软件是一款针对图像画质进行改善提升及效果处理的软件。光影魔术手软件简单、易用，不需要任何专业的图像技术，就可以制作出专业胶片摄影的色彩效果，而且其批量处理的功能非常强大，是摄影作品后期处理、图片快速美容、数码照片冲印整理时必备的图像处理软件，该软件能够满足绝大多数人对照片后期处理的需要。

使用前需要从光影魔术手的官方网站上下载这款免费软件。按照提示进行光影魔术手软件的安装，安装完毕后就可以运行这款软件，从而为修饰图片服务。在此以光影魔术手 4.4.1 为例，对该软件的常规使用方法进行介绍。不同版本的光影魔术手软件在操作细节及功能上略有差别。

1. 批处理图像

如果用户的图片存量很大，而且这些图片每张尺寸都很大，为了便于上传网络使用，需要对这些图片进行批量处理，调整图片的大小。光影魔术手软件的批处理功能，可以按照设定，对指定的图片进行批量处理，省时省心，效果又好。

(1) 首先是批处理图片的准备工作，找出所有需要处理的图片，并且将这些图片整理在同一个文件夹下。

(2) 打开光影魔术手软件，在软件上方的功能区中单击“批处理”命令，此时显示批量自动处理的界面。

(3) 在批量自动处理的界面中，第一步是添加照片，可以通过单击“添加”或“添加文件夹”按钮，选择照片列表中用户需要修改的照片，或需要转换的图片所在的文件夹。

(4) 之后，就可以为这些图片设置特殊的处理效果及其效果参数了。选择“自动处理”选项卡，在其中设置效果及参数，如图3.1所示。例如为这些图片设置缩放效果，就要在“自动处理”选项卡中选择“缩放”等参数即可。

图3.1 批量自动处理界面

(5) 最后是设置输出规则,为批量处理后的图片指定保存方式。在“输出设置”选项卡中设置“输出文件名”等相应属性即可。

(6) 上述设置全部完成后,单击“确定”按钮即可开始批量处理。

2. 图片水印

为自己的数码照片加上水印,既能体现个性,又可保护版权,在专业的 Photoshop 软件中使用水印较为不便。但是在光影魔术手中就轻而易举了。光影魔术手中的图片签名功能,可以在照片的任意位置印上自己设计的水印,支持 PNG、PSD 等半透明格式的文件,水印随心所欲。软件的操作步骤如下所述。

(1) 可以制作或下载小图片制作自己的水印,完成数码照片编辑处理后,在光影魔术手中选择“工具”下的“水印”命令,设置基本属性即可。

(2) 可以设置水印的透明度,水印出现的“位置”,在“边距”处选择“水平边距”和“垂直边距”的像素点,最后单击“确定”按钮。软件会智能去除水印的背景,分析出不规则边缘,在边缘描绘出一圈淡淡化开的阴影。这样处理后的水印不仅若隐若现,而且极具立体感。

光影魔术手包含的特效与功能较为丰富,其他的特效与功能说明如下。

(1) 反转片效果:模拟反转片的效果,令照片反差更明显,色彩更亮丽。

(2) 反转片负冲:模拟反转片负冲的效果,色彩诡异而新奇。

(3) 黑白效果:模拟多类黑白胶片的效果,在反差、对比方面,和数码相片完全不同。

(4) 数码补光:对曝光不足的部位进行后期补光,易用、智能,过渡自然。

(5) 数码减光:对曝光过度的部位进行后期的细节追补,用于处理闪光过度、天空过曝等十分有效。

(6) 人像褪黄:校正某些肤色偏黄的人像数码照片,一键操作,效果明显。

(7) 组合图制作:可以把多张照片组合排列在一张照片中,适合网络卖家陈列商品。

(8) 高 ISO 去噪:可以去除数码相机高 ISO 设置时照片中的红绿噪点,并且不影响照片锐度。

(9) 柔光镜:模拟柔光镜片,给人像带来朦胧美。

(10) 去红眼、去斑:去除闪光灯引起的红眼;去除面部的斑点等。

(11) 人像美容:人像磨皮的功能,在不影响头发、眼睛的锐度的同时使得人像的皮肤细腻白皙。

(12) 影楼风格人像：模仿现在流行的影楼照片的风格，冷调、高光溢出、柔化。

(13) 冲印排版：证件照片排版，一张 6 英寸照片上最多排 16 张 1 英寸身份证照片，一键完成，极其简便。

(14) 一指键白平衡：修正数码照片的色彩偏差，还原自然色彩，可以手工微调。

(15) 自动白平衡：智能校正白平衡不准确的照片的色调。

(16) 褪色旧相：模仿老照片的效果，色彩黯淡，怀旧情调。

(17) 黄色滤镜：也是模仿老照片的效果，一种比较颓废的暖色色调。

(18) 负片效果：模拟负片的高宽容度，增加相片的高光层次和暗部细节。

(19) 晚霞渲染：对天空、朝霞、晚霞类明暗跨度较大的相片有特效，色彩艳丽，过渡自然。

(20) 夜景抑噪：对夜景、大面积暗部的相片进行抑噪处理，去噪效果显著，且不影响锐度。

(21) 死点测试：对新购买的数码相机，帮助用户测试 CCD 上有没有坏点。

(22) 死点修补：对 CCD 上有死点的相机，一次设定以后，就可以修补它拍摄的所有照片上的死点，非常方便有效。

(23) 自动曝光：智能调整照片的曝光范围，令照片更符合视觉欣赏。

(24) LOMO：模仿 LOMO 风格，四周颜色暗角，色调可调，方便易用。

(25) 文字签名：用户可设定 5 个签名及背景，文字背景还可以任意设定颜色和透明度。

(26) 轻松边框：轻松制作多种相片边框，如胶卷式、白边式等。

(27) 花样边框：兼容大部分 PhotoWORKS 边框，可选择二百二十多种生动有趣的照片边框素材。

3. 修饰商品图片

打开光影魔术手软件后，单击左上角的“打开”按钮，然后从计算机中找到需要处理的图片，选定后单击“确定”按钮，图片就会出现在软件中。然后就可以开始正式处理图片了。

1) 调整图片构图

数码相机拍摄出来的图片都是长方形的，但是网页上的图片长宽比例如果只是一种，则形状会比较单调，这时就需要改变所拍图片的长宽比例。

调整商品图片构图也就是裁剪原图，从而得到所需长宽比，或者通过裁剪改变商品主体在图片中的位置或者大小。这样，图片的构图就会更加科学，更加符合大众的视觉习惯。

例如，一个石狮像的拍摄原图（如图 3.2 所示），通常拍得会使商品主体偏小，而且图片的长宽比例不是很适合作标题图，图片的四角偏暗，因此这张图片则需要裁剪掉一些多余的部分。

图 3.2　拍摄原图

先把这张图片在“光影魔术手”软件中打开，在软件上方的功能区中，单击“图像”按钮，然后在下拉菜单中单击“裁剪”命令。也可以直接单击软件上方的快捷功能导航区中的“裁剪”按钮（如图 3.3 所示）。

单击“裁剪”按钮后，就可以看到如图 3.3 所示的对话框，这时只要用鼠标拖选想保留的区域，然后单击右下角的“确定”按钮，即可将图片裁剪为所需大小。

2）图片尺寸的调整

一台 800 万像素的数码相机拍摄出的图片尺寸为 3264 像素×2448 像素。即使经过了第一个步骤的裁剪，图片的尺寸还是相当大的。而商品标题图片的尺寸建议为 500 像素×500 像素，大小限制在 120KB 以内，如果图片超过 500 像素×500 像素，导致图片大小超过 120KB，商品标题图片则无法上传。

根据零售网站网页的特点，如果旺铺侧边栏没有打开，则图片的宽度最大为 950 像素；如果侧边栏是打开的，图片的宽度最大为 720 像素。如果图片尺寸超过了这两

图 3.3 裁剪原图

个数字,部分图片则无法在网页上显示。

商品标题图片不一定是正方形的,但是图片的最长边最好不超过 500 像素。为了不让商品描述图片因在网页中显得过大或者过小而影响视觉效果,建议横边最好在 550～680 像素这个范围内。

在“光影魔术手”软件上方的功能区中,单击“尺寸”按钮,然后在下拉菜单中单击所需尺寸的相应按钮。也可以直接单击“尺寸”按钮,调整宽度和高度的像素数(如图 3.4 所示),这样软件中的图片就会变为我们想要的尺寸。随后,可以单击软件上方的功能区中的“另存”按钮,调出“另存为”对话框(如图 3.5 所示)。单击下方的“修改大小”按钮,通过拖拉“文件质量”滑块,为图像调整合适的文件大小。完成操作后,保存输出文件。

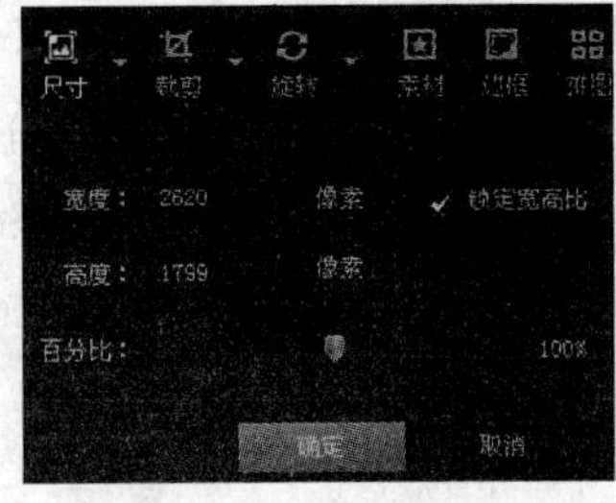

图 3.4 尺寸调整

图 3.5 “另存为”对话框

3.2 制作网店的店标与店招

在网店装修中,店标就像是门面一样,是某种象征,是十分重要的一个部分。很多时候,人们会把店标设计与店招设计混为一谈。店标是各种标识中的一种,专门服务于店铺,包括网络或者实体店铺。店招是指店铺上面长条形的区域,标准尺寸是 950 像素×150 像素。店招是可以在线编辑的,也可以自己上传。对于淘宝店标的操作,打开“我的淘宝”→“管理我的店铺”→“界面设置”→“基本设置”,其中可以选择图片作为淘宝店标图片。淘宝现在店铺管理升级了,但店标仍只有更换的功能,暂时还没有办法取消。

如上所述,店标是客户对整个网店的首要印象,就像传统店铺中的招牌。特别是利用店标作为推广时的图片,是整体形象的重要组成部分,起到吸引客户访问的作用。好的店标通过合适文字和修饰图片的组合,能起到烘托主题的效果。下面就 logo 设计做实例说明。

好的 logo 设计能让人印象深刻,并能逐渐形成品牌。淘宝店铺 logo 指的是一个店铺的形象符号、品牌标志。店铺 logo 通常由几种类型组成,可以用自然图像、店铺的名称、文字组合、文字字母组成，也可以采用首字母缩写的形式来表现。一个好的店铺 logo 不仅需要创意或技巧，还需配合店铺中的商品。如图 3.6 所示，从左到右分别为 Zipliner、African Film Club、101 Princess st、Nueys、Invisible Children、This is not my destination 等公司的 logo 设计。对店铺 logo 的设计必须做到以下几点。

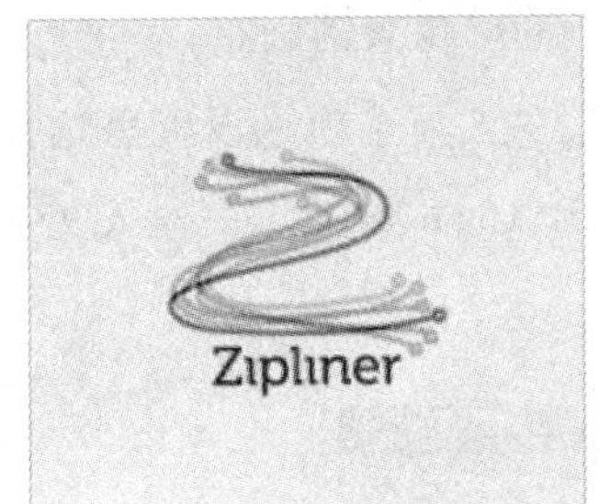

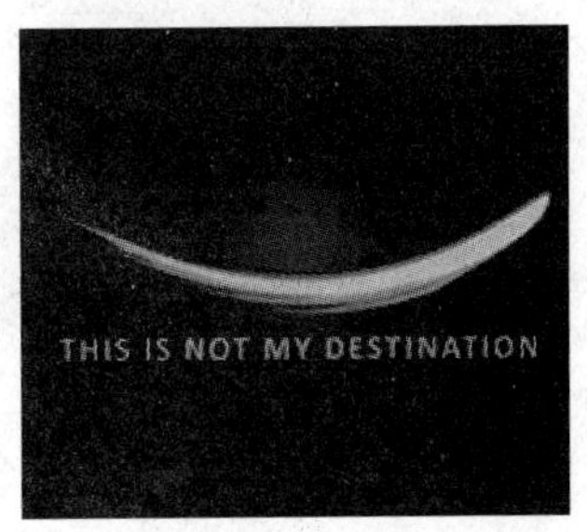

图 3.6 logo 设计

1. 简单

过于复杂的设计会产生沟通的障碍，在店铺 logo 的设计中不要添加过多元素，以免显得拥挤，只需要少量元素就可以设计出一个视觉效果很强的标志。

2. 具有鲜明的商品特色

店铺中的商品是独一无二的，有着独特的企业文化及市场经营特色，因此，在设计 logo 时必须明确品类定位、产品特点、风格和理念。

3. 能准确传达店铺的商品特征

当设计师一味地追求自己的创意时，容易将一些常识性的东西抛在脑后。准确地传达商品特征，合理地选择色彩才是王道。

店铺 logo 和店招制作示例如下。

1. logo 制作

店铺 logo 是网店最主要的视觉符号，在设计 logo 时要围绕网店定位展开，可以从图形、中英文字体、色彩等方面入手，下面来制作一个 logo。

(1) 启动 Adobe Photoshop 软件，新建一张 600 像素×600 像素的画布。

(2) 新建一个图层，选择左侧工具栏中的“文字工具”，在工具选项栏设置里选择字体为“方正超粗黑简体”，字体大小为 100 点，颜色为 RGB(194；34；34)；输入文字“超级猫咪”。如图 3.7 所示为 logo 设计。

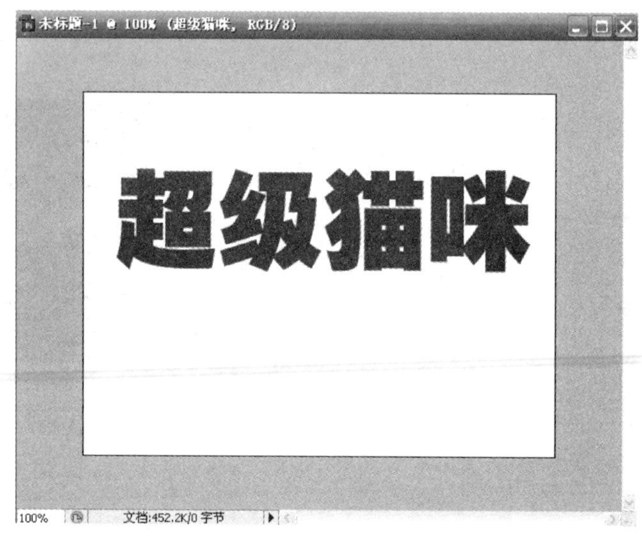

图 3.7　logo 设计

(3) 选择文字图层，右键单击文字内容，在弹出的菜单中选择“转换为形状”命令，将文字层转为形状层。如图 3.8 所示为“转换为形状”命令。

(4) 对形状层的控制点进行删减，我们要用最少的形式语言，最直接地传递感知。单击“直接选择工具”按钮，对点进行移动，使用钢笔工具下的“删除点”工具对点进行删除。

(5) 单击“文字工具”按钮，输入文本“super cat”。如图 3.9 所示输入文字。调整两排文字之间的距离、文字的颜色等。

(6) 调整完之后，单击背景图层前面的眼睛标志，关闭背景图层使其背景透明，保存文件为 PNG 格式。

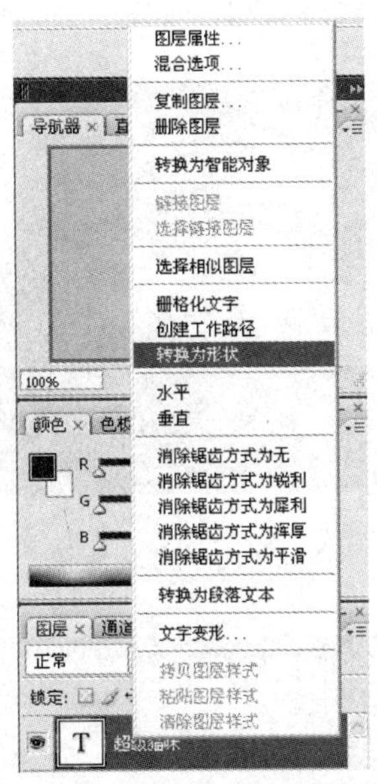

图 3.8 转换为形状

图 3.9 输入文字

2. 店招制作

在设计风格上店招要与店铺内的产品整体统一，在色彩搭配方面要保持色彩的整体性，如与 logo 对应统一。如果店招有季节的要素，则需要根据季节的变化及时进行更换，尤其是女装店铺。但要保持整个店铺的色调统一。如图 3.10 所示为国外实体店店招。如图 3.11所示为网上商城店招。如图 3.12 所示为淘宝店招素材。

图 3.10　实体店店招

图 3.11　网上商城店招

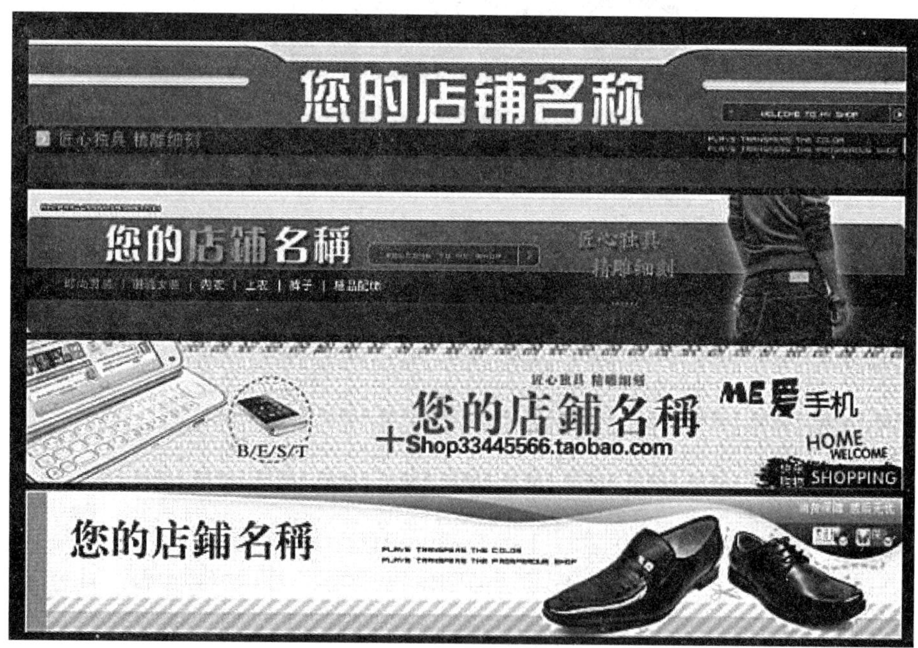

图 3.12　淘宝店招素材

下面主要讲述店招在淘宝中的具体应用，也即店招装修的过程。一个好的店招能够给买家传达很多信息，同时也能加深买家对店铺的印象。店招中加入"店铺收藏"、"店铺分享"等信息，主要是为了让买家能够一目了然地找到收藏分享店铺的位置，很多买家其实都不知道从网页顶部淘宝官方提供的收藏、分享支持去收藏分享店铺（如图3.13所示）。因此在店铺装修时，需要添加收藏分享按钮。

图3.13　收藏店铺

制作店招的基本步骤与店标设计相同。找好合适的店招背景图片等相关素材，使用Adobe Photoshop软件打开背景图片，在其中添加好店铺的名字、店铺收藏、店铺分享等按钮，得到如图3.14所示的店招设计。将制作好的店招图片保存在计算机上，同时将制作好的图片上传到店铺的淘宝图片空间中，主要是为了获得该图片的网络链接。

图3.14　收藏店铺

打开Adobe Dreamweaver软件，新建一个空白的HTML文档（如图3.15所示），插入当前制作好的店招图片。接着使用软件中的热点工具，为收藏、分享、订单分别加上超链接。如图3.16所示，在软件下方的热点区域，使用矩形热点工具，为每个超链接区域，依次画上一个矩形框选区域。当鼠标分别单击图片对应的矩形框选区域时，超链接到"链接"对应的目标地址。"链接"就是指当鼠标单击该处阴影包含的区域所指向的链接地址，而"目标"则是指单击阴影时，链接的时候所弹出窗口的相关属性（主要分为①原窗口打开，②重新弹出窗口打开），"替换"则是指鼠标放在阴影区域，未单击的时候所提示的文字信息，下面就讲解如何获取店铺收藏、店铺分享、购物车以及我的订单的具体链接地址。

图 3.15 插入图片

图 3.16 热点区域

卖家可通过阿里旺旺卖家版的聊天工具进入“我的店铺”首页，当我们的鼠标发给到收藏上面的时候，就会弹出相关提示，然后将鼠标放在“分享”上面→单击鼠标右键→选择“属性”，这时要复制好其中的地址（URL）信息，这就是店铺的“店铺分享”链接，将复制好的信息替换到刚刚用 Dreamweaver 软件对店招的浅蓝色热点的链接属性框里。需要注意的是，一定要做到相互对应，下面的店铺收藏、我的订单、购物车的链接，与“店铺分享”获取链接的步骤一样，唯一就是选择不同。也可以在制作好的网上商城中，通过右键单击“我的收藏”→“复制图片地址”命令，查看图片所在的存储地址。总的来说，店招的设计与制作并不是很难。

结合上述店招的设计制作过程，下面介绍店招的设计原则和要求。

1）设计原则

店招的设计要遵循两个原则：第一，在店招中注入自己的品牌形象，即店铺名称或者标示展示；第二，结合产品进行定位，即不要让买家猜想你的店铺出售的是什么商品。

有些店招从设计上来看是比较唯美的，也很符合大多数人心中的小清新形象，但是当买家进入这家店铺之后，单从店招上根本无法看出这家店铺出售的是什么商品。有些则在店招中渗入产品形象（产品的图片）、品牌形象（精品饰品专营），还渗入了店铺的主营类目，让买家一目了然。

2）设计要求

根据淘宝网的设计规范对店铺招牌进行设计，才能让店招完美地展现在店铺首页。旺铺专业版店招的宽度尺寸为950像素，高度尺寸不超过120像素，可以上传GIF、JPG、JPEG和PNG这4种图片格式。

常规店招的尺寸要求是950像素×120像素，也是旺铺专业版中最常见的店招效果。

3.3 制作网店的侧边分类列表区

在电子商务网店或者电子商务商城中，网页中侧边沿的分类列表区是非常重要的一环，常用于展示网店的通告、服务信息、热卖商品、销售排行以及主要商品分类，如同传统商店的不同货架。其目标就是通过对图像素材的处理、添加文字、增加图层样式来制作网店的分类列表区。该分类列表区可以由网店的通告、热卖信息和主要商品分类构成。往往列在小的图标式分类列表区之上，作为热门商品、特价商品等分区入口。用大的图片，主要是为了更好地吸引访问网店的客户注意。

对于分类的方法，常见的是按商品种类来进行分类，或按照商品品牌来进行分类。还有和现实中一样常见的按价格分类，这种分类常常是为了表现价格上的优惠。电子商务之所以吸引消费者，除了便利之外，价格上的优惠也是非常重要的。在利用价格分类时，常用的是9.9元，19.9元，29元，99元，199元……这种减法定价，能造成用户心理上的价格便宜感。还有就是+1送什么的加法定价。另外，还有按网店商品更新时间进行分类，这是为了方便经常关注它的客户能够便捷地了解该网店的最新信息和最新商品。这些分类方法，在实际运用中经常是几种组合在一起使用，以方便不同类别的访问者，达到网站规划中对于导航分类栏的要求。

操作方法可以使用Adobe Photoshop等设计类软件，根据所制作的分类来设计图片所需的格式即可。同时，也可以通过一些在线制作网站，套用已有的模板进行制作（如图3.17所示为分类列表图片的模板）。在设计规划上，注意大分类和小分类各占的像素，大分类30像素，小分类20像素，宽度为160像素的也是可以的，只是高度要适当调整。

在Photoshop软件具体的操作上，主要运用了形状工具、渐变工具、图层工具等。

图 3.17 分类列表模板

下面以椭圆形的绘制为例介绍 Photoshop 软件的基本操作。

1. 形状工具

可以使用各种形状工具绘制形状，也可以从大量的预设的形状中进行选择，以及在单独的图层上排列矢量形状。在使用形状或钢笔工具时，在对应的工具属性栏上有三种不同的模式可以选择，分别是形状图层、路径、填充像素。

1) 形状图层

生成单独的图层，创建形状。可以使用形状工具或钢笔工具来创建形状图层，因为可以移动、对齐、分布形状图层以及调整其大小，所以形状图层非常适用于 Web 页面创建图形。可以选择在一个图层上绘制多个形状，形状图层包含定义形状颜色的填充图层以及定义形状轮廓的链接矢量蒙版。形状轮廓是路径，它出现在“路径”面板中，例如，用形状图层绘制椭圆形，如图 3.18 所示。

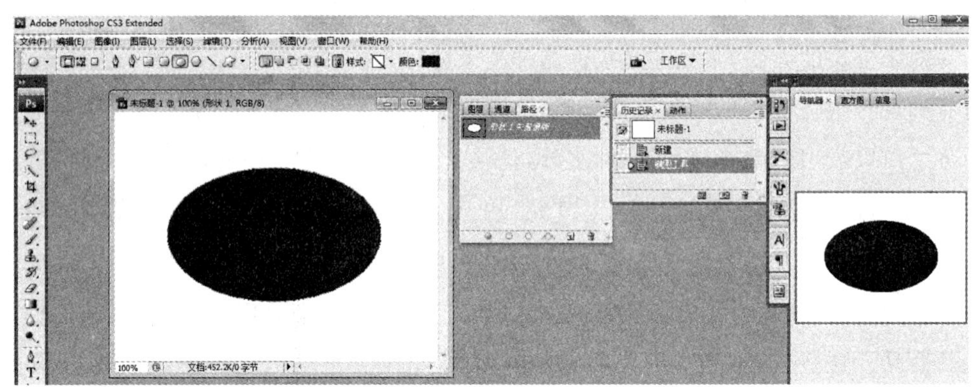

图 3.18 绘制椭圆形的形状图层

2) 路径

在当前图层中绘制一个工作路径，可使用它来创建选区、创建矢量蒙版，或者使用颜色填充和描边以创建栅格图形。在创建路径时，除非存储工作路径，否则它只是一个临时路径。路径出现在“路径”面板中，绘制椭圆形状如图 3.19 所示。

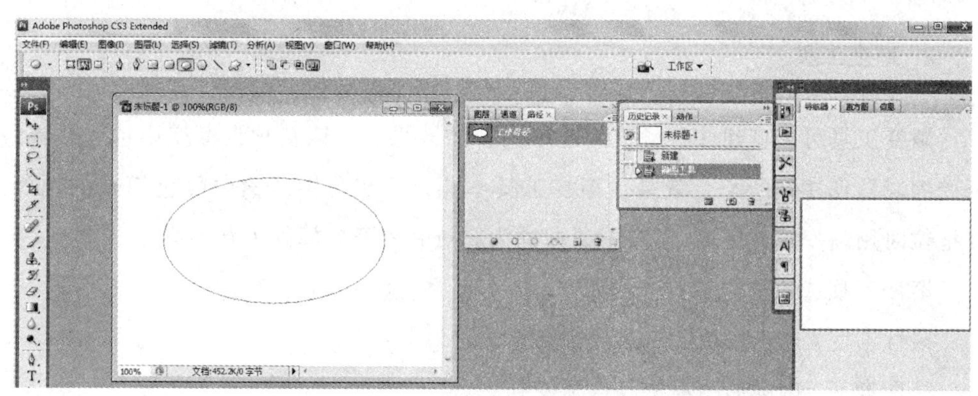

图 3.19 椭圆形绘制的路径

3）填充像素

直接在图层上绘制，与绘画工具的功能非常类似。在此模式中工作时，创建的是栅格图像，而不是矢量图形。可以像处理任何栅格图像一样来处理绘制的形状。在此模式中只能使用形状工具，而不能使用钢笔工具。

形状工具选项：可以通过单击形状工具栏中形状工具选择边上的下拉箭头来打开各形状工具选项（如图 3.20 所示），对应的工具选项有“钢笔选项”、“自由钢笔选项”、“矩形选项”、“圆角矩形选项”、“椭圆选项”、“多边形选项”、“直线选项”和“自定义选项”。

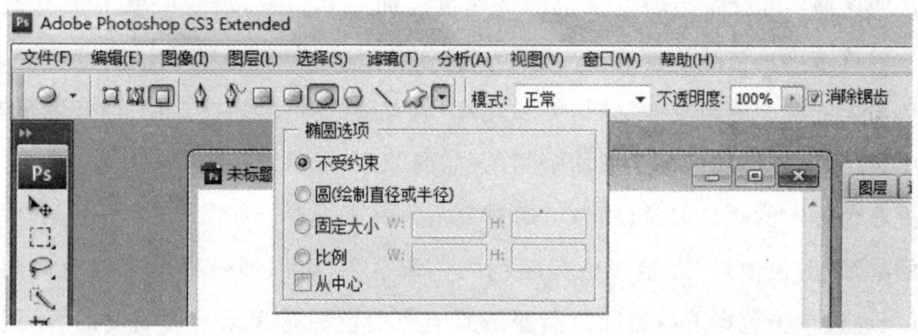

图 3.20 椭圆选项

在一个图层上编辑形状：如果要在图层中绘制多个形状图层或者修改当前形状图层外观，可以在工具属性栏中选择“添加”、“减去”、“交叉”或者“除外”选项 来修改图层中的当前形状。

2. 渐变工具

渐变工具可以创建多种颜色间逐渐混合的效果。可以从预设渐变中选区或通过渐变编辑器创建新的渐变效果。渐变工具不能运用于位图或索引颜色模式的图像。在拖拉时用渐变填充区域，以按下鼠标处为起点和松开鼠标处为渐变终点。

渐变工具选项从左到右依次如下。

线性渐变：以直线从起点渐变到终点。

径向渐变：以圆形图案从起点渐变到终点。

角度渐变：围绕起点以逆时针扫描方式渐变。

对称渐变：使用均衡的线性渐变在起点的任一侧渐变。

菱形渐变：以菱形方式从起点向外渐变，终点定义菱形的一个角。

工具属性栏中另一些选项如下。

反向：对换渐变的起点和终点的设置，反转渐变填充中的颜色顺序。

仿色：可以在较少的颜色中创建较为平滑的过渡效果。仿色在网页设计中较为常见，因为较少的颜色数也就意味着可以减少图片的字节数，有利于在带宽有限的网络上快速传递。当然过少的颜色也必然损失图像的细节质量。一般该选项被默认勾选。

透明区域：可以保持渐变设定的透明度。如果不勾选，渐变中就不带有透明区域。一般该选项也被默认勾选。

单击公共栏中的渐变缩览图，可以进入"渐变编辑器"对话框。在"渐变编辑器"对话框中，可以通过添加色标来增加中间色(如图 3.21 所示)。

更改色标中的颜色以及位置，可通过单击色标来设置。如图 3.22 所示，其中色标两侧的菱形"颜色中点"表示该色标颜色的色域范围，可以通过移动来改变。删除色标，可以通过单击色标下拉删除。渐变条的上边沿色标是表示不透明度的"不透明度色标"。以白色色标表示不透明度 0%，一直过渡到黑色表示不透明度 100%。位于渐变条上方的"平滑条"，可以控制色彩的过渡范围，默认的 100%可得到最亮丽最丰富的过渡色彩。渐变类型除了默认的实底外，还可选择"杂色"，即在指定的色彩范围内随机地挑选色彩，不能手动自定义设置色标和不透明度色标。如图 3.23 所示为制作好的网店分类列表图。

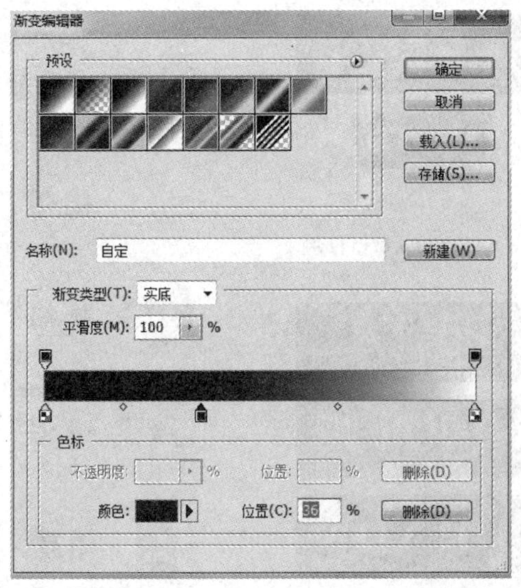

图 3.21 添加色标增加中间色

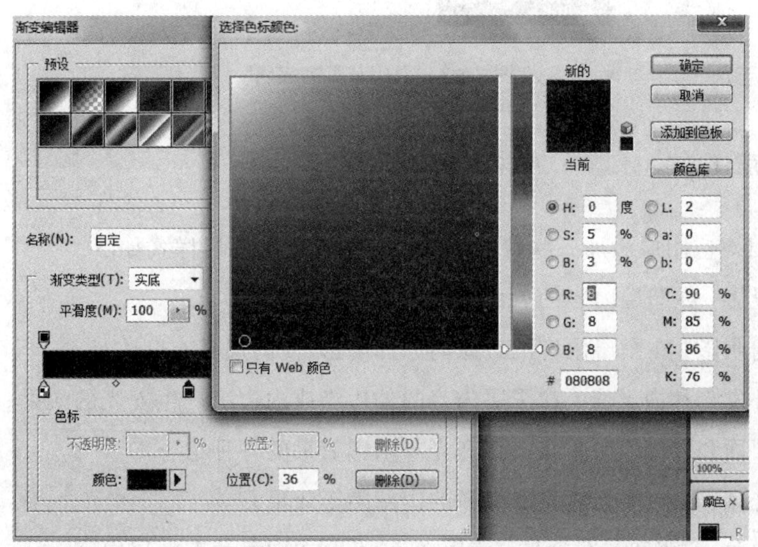

图 3.22 更改色标的位置和颜色

图 3.23　网店分类列表图

3. 图层样式

可以对对应图层添加一些特殊的样式。主要可选图层样式如下。

(1) 投影：在图层内容的后面添加阴影效果。

(2) 内阴影：在图层内容的边缘内添加阴影，使图层具有凹陷外观。

(3) 外发光和内发光：在图层内容的外边缘或内边缘产生发光的效果。

(4) 斜面和浮雕：在图层产生高光与阴影效果的各种组合。

(5) 光泽：在图层创建光滑光泽的内部阴影效果。

(6) 颜色、渐变和图案叠加：使用颜色、渐变或图案填充图层内容。

(7) 描边：使用颜色、渐变或图案在当前图层上描画对象的轮廓，主要运用于文本图层。

3.4 制作网店的促销区域

通过对素材的收集，对电子商务网店中占醒目位置的促销活动区域进行制作。促销活动区域一般在网店页面顶部 banner 的下方，占据整个页面的核心位置，类似传统商城的促销海报，展示当前网店的最新活动和最吸引人的资讯。在制作过程中能够对抽取的素材进行修复，通过蒙版进行处理，借助辅助工具对编辑元素进行定位和制作。下面简述使用 Photoshop 设计制作促销区域的基本过程。

1. 创建促销区域文件

打开 Adobe Photoshop 软件，按要求新建文件，分辨率为 72，背景为白色，文件为 950 像素×91 像素，并保存该文件为"cuxiao. psd"。

2. 创建背景图片

在 Photoshop 中打开素材 bj. jpg，全选后复制粘贴到新建的促销区域文件中，再通过"自由变换"调整。由于按比例粘贴后的背景图片不能完全覆盖 cuxiao. psd 文件，因此需要通过在原背景图片上用矩形选框工具选取后再粘贴到 cuxiao. psd。反复粘贴后，完成背景图片的创建。然后将各粘贴图层全选后进行图层合并，合并为一个背景图层。

3. 图章工具修饰图片

合并后的背景图层其实有部分瑕疵，仔细看就能发现。因此可以使用工具箱中的修复工具来修饰图像，消去不用的部分内容。单击工具箱中的"放大镜"放大图片，再选择工具箱中的"仿制图章工具"，调整工具栏属性，然后按住 Alt 键在图像上可以用来修饰的地方单击，即为"定义采样点"，再在需要修饰的地方绘制，这样就能把"定义采样点"的图案复制到需要修饰的地方。可以通过绘制图章工具消除多余内容，也可以增加新的内容，多次细致地进行仿制图章工具处理后，完成对该图片的修饰。

4. 载入促销区中的背景和人物修饰

通过多次粘贴后自由变换使得背景得到修饰，并创建图层组进行管理。同样方法，载入人物修饰图。

5. 参考线的设置

为了在图像中对其他图层的图案元素进行更好的定位，可以通过辅助参考线设置。单击“视图”菜单栏中的“标尺”、“对齐”命令，然后单击工具箱中的“移动工具”，从标尺处拖拉参考线来规划定位。

6. 创建剪贴蒙版

使用自定义形状工具绘制形状，然后为其添加图层样式，再通过辅助参考线定位该形状中间的布局。按照参考线绘制出竖线，单击“编辑”菜单栏中的“描边”，设置宽度、颜色、位置及混合方式。然后单击“图层”菜单栏中的“创建剪贴蒙版”，使该竖线描边两头不超过自定义形状的两边。

7. 添加文字与修饰图片

接着为图片添加说明性的文字“童装促销”等，调整并放置到合适的位置。单纯的文字显得比较单板，一般都加上修饰。因此在文字旁边配上云朵等修饰图片，增强其效果。如图 3.24 所示为促销区域的效果图。

图 3.24　促销区域图

3.5 网店页面实例介绍

网店装修与设计课程作业可以在一周时间内“在做中学”。整个制作过程可以分为 4 个步骤，分别是小组讨论，定主题；收集素材、资料；讨论并绘制网页的版式；制作并完成页面设计。

下面展示几个装修设计完成的网店页面，以提供参考。

网店页面 1：男式服装类店铺

如图 3.25 所示为装修设计完成的男式服装类店铺。首页采用一屏轮播的效果，能够在网站上展示推销各种热门产品，方便顾客预览。在首页添加链接产品，能跳转到详情页面预览各个产品的具体情况。图片采用了向上滑动的效果，并在旁边配以文

图 3.25 男式服装类店铺

字说明店铺的理念，在浏览的时候能够时刻体会。

网店页面 2：手机壳店铺

如图 3.26 所示为手机壳店铺页面。整体页面以黑灰作基调印衬产品，以中规中矩

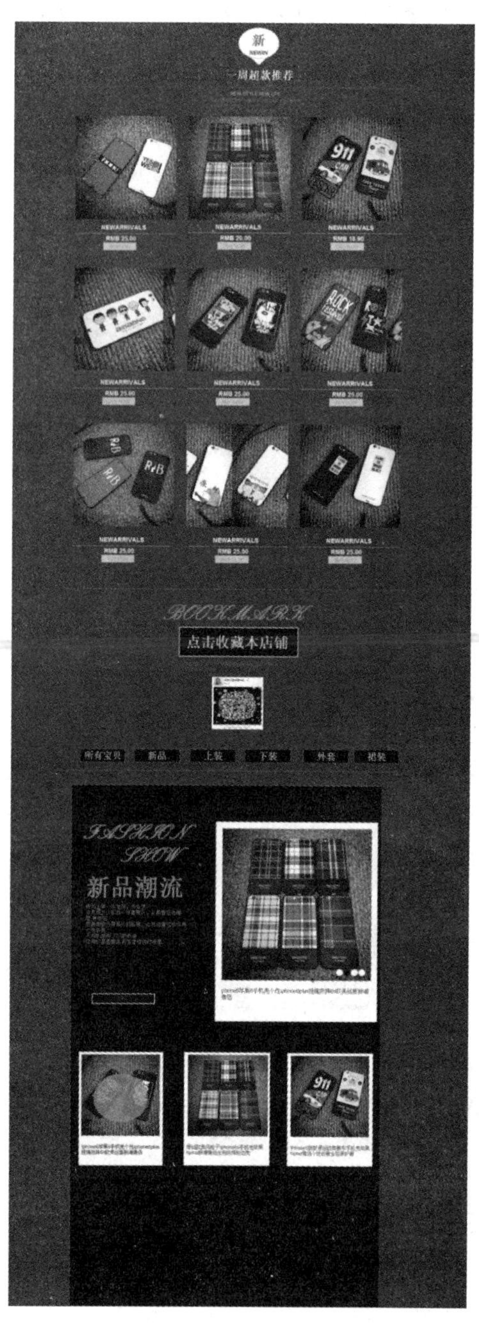

图 3.26 手机壳店铺

的方格子排版的排列方式，让浏览者一目了然。此页面的上半部分为9个方格子的方式陈列产品，每个产品图片都做了一个向右滑动的交互设计，一打开网页就能自动播放，同时设计了二维码的显示隐藏，当鼠标移动到产品方格图的时候便会显示出商家二维码，鼠标移出便消失。

网店页面3：女士服装类店铺

如图3.27所示为女式服装类店铺页面。整个制作过程从确定品牌MANSUR GAVRIEL、了解品牌理念的小组讨论开始，随后开始收集素材与图像制作，进行网页排版设计以及装修设计。如图3.28所示为小组讨论后完成的线稿绘制图。如图3.29所示为借鉴的品牌网页排版设计。

图3.27　女式服装类店铺

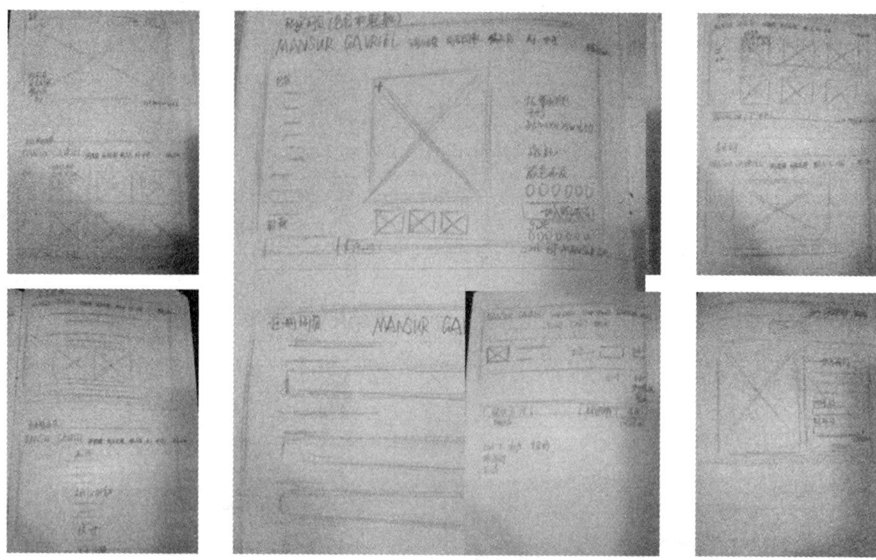

图 3.28 线稿的设计与绘制

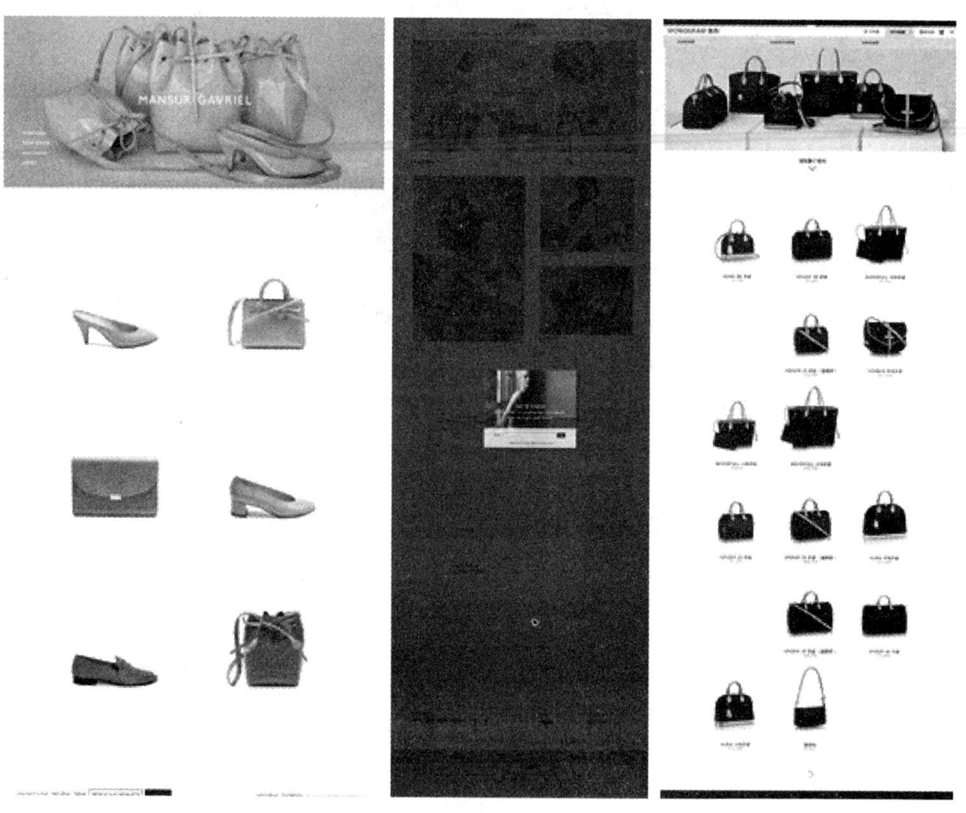

图 3.29 借鉴的排版设计

网店页面 4：时尚服装类店铺

如图 3.30 所示为时尚服装类店铺。在页面设计制作的过程中，作者曾为创意页面的设计而苦恼，在遇到这个问题时，参考了网络上其他优秀的页面设计，通过对这些优秀的页面学习、研究、总结后完成上述店铺的设计。

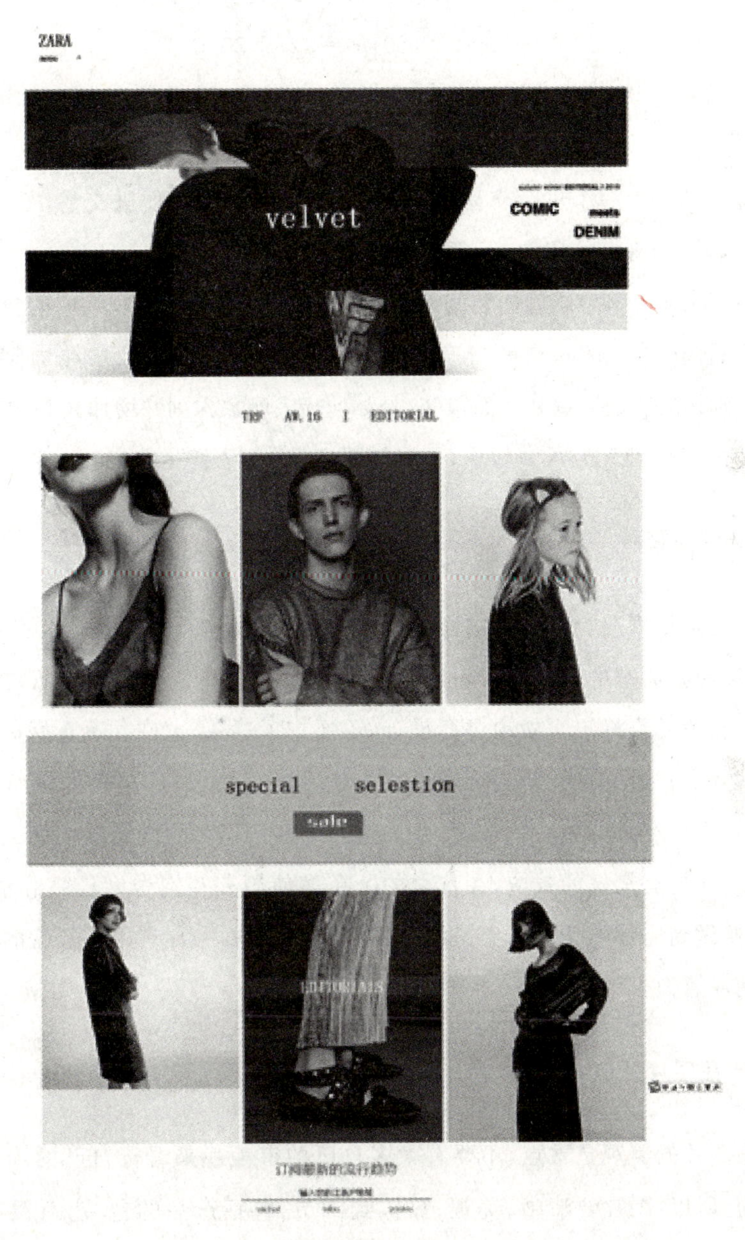

图 3.30　尚服装类店铺

3.6 拓展知识：店铺装修设计的要点

淘宝店铺装修设计要记住这几个要点！

甩手网 2016 年 12 月 30 日

（资料来源：http://www.shuaishou.com/school/infos20371.html）

淘宝店铺作为一个进行交易的场所，其装修就是为了促进交易，如何装修才能吸引有需要和共同喜好的用户，下面就来讲一讲。

我专门去研究淘宝网店的装修，通过对几十家淘宝店铺首页装修的分析，发现95%的淘宝店铺普遍存在的问题是，不知道为谁而装修，没有主题仅方向也不明确。下面我们来看看别人的店铺形象和产品包装，是如何让人印象深刻并增加人们购买欲望的。

店铺的美化可分为两大板块，即店铺形象、产品分类及包装。

1. 店铺形象

好的店铺招牌应当和店铺的整体风格相统一，充分展示自己的店铺名称和服务的理念，可以包括店铺的口号或者对客户的承诺等。店铺装修不能只抓住重点，且完全根据店主自我的喜好想当然地进行设计，不要忘了，买家也许并不喜好你的设计风格，所以这就要非常讲究设计协调性和风格定位，多给人以舒适轻松的气氛，而且首页不能太复杂，大概在4屏左右的长度，要知道一个客户不可能浏览首页那么久的，要做到点到为止，才能有最好的效应，在首页的配色多使用一些饱合度较高和清新简洁的图片，我们要做到店铺的整体形象是给人一种信任感的，一种有用心经营的店铺，才能留住访客的注意力。

2. 产品图片及包装

产品图片的美观是重点，不要有太多自己的审美观来看待自己的图片，图片是给客户看的，所以，图片要清晰、美观、具体到细节，包括产品的包装，有没有贴近生活。人们购买产品，很大程度就是看图片，好看的就会去进一步查看，尤其是在淘宝网里搜索寻找产品的时候，也就是说，产品图片美不美观直接影响到产品浏览量，少一个浏览量就会少一次机会！

另外，不推荐在宝贝图片上标明价格或其他热销之类的文字，因为一旦文字颜色和图片搭配的不好，就会让人觉得很俗气！

看到这里，有没有发现什么问题？那就是产品的包装和配件了。有没有听过一个“买株还珠”的故事，我越来越发现产品包装的重要性，以前的生产商会对包装这方面的重要性没那么重视，但是现在不一样了，高颜值的产品，会使人有更强烈的购买欲望，因为产品本身有很多特殊原因是没办法改变其风格或者外观的，但包装可以填补这个空缺，所以可以试着对自己的产品无论是包装还是配件进行设计，多用点儿心，说不定就会有更好的效果了。

下面再说说如何打造产品的差异化，可以从营销主图入手。营销主图是指将原本简单的产品图片，通过设计赋予产品营销概念，让消费者第一时间掌握卖点及其他的信息，从而刺激其购买欲望，让销售更具人性化。所以主图的设计是最不可模仿同行的！找出差异化的卖点不仅有利于自己的产品区别于搜索环境，同时也能在同行产品中脱颖而出。

其次就是产品的拍摄和设计。大部分商家对于产品图拍摄的认知似乎都只局限在是为了让产品看起来更为美观些，选择参考同行拍摄手法或直接盗图占较大比例，这既缺乏拍摄意义也毫无创新。举个例子，一款衣服平铺展示及模特展示的视觉呈现，给消费者的感觉能一样吗？打破传统的摄影方式，也能为产品营销找到另一突破口。适合自己的风格，有自己的独特之处，才会让产品拥有属于自己的标签。

如下介绍几个装修的误区。

(1) 首先店铺在装修的时候首页里面的图片不宜太多太大，因为这会带来访问速度慢的问题。因为那么多的图片占据了很大的空间。如果买家等半天都没有打开店铺或是链接的页面，那么买家的购买欲就会大打折扣，或者干脆就不看了。

(2) 商品过度分类或者分类不明确。店铺在装修时设置宝贝分类的时候，出发点其实是方便买家可以更好地搜索到店铺里的商品。但是，有没有想过，如果店里的宝贝分类太繁复、太多，是会影响买家浏览店铺的，因为这样无法做到让买家一目了然，自然就降低了店铺的浏览量和商品的成交量，所以如何让自己的店铺又有分类又容易查找才是主要的。

相信读者看完这篇文章多少会有一些体会，毕竟店铺装修好一点儿对于店铺只有好处，并且这些不用花钱的事，相信大家会做得更好。然后一定要有独特的风格和特点，但最终的销量还跟如何运营有很大的关系。

第4章 创建网店中的动态图像

4.1 创建网店推广动态图像

本节的学习目标是制作用于在电子商务平台、各论坛上宣传推广自己网店的简易动态图像。这类图片动画的主要内容为简单的网店活动信息、企业介绍、商品展示等，通过图片切换的动画效果来获得客户关注。

动画是指多幅静止图像连续播放，利用视觉暂留形成连续影像。例如胶片电影，就是将一系列记录着单幅画面的胶卷，按照一定的速度依次投影到屏幕上。为了让观众感受到连续影像，电影以每秒 24 张画面的速度播放，也就是一秒钟内在屏幕上投射 24 张静止画面，即 24 帧。帧可以看作是动画中最小单位的单幅图像。动画播放速度的单位是 fps，其中的 f 就是帧，p 表示每(per)，s 就是秒(second)。除了电影每秒 24 帧外，电视所用的 PAL 制式为每秒 25 帧，NTSC 制式为每秒 30 帧。在计算机显示器上播放时，则每秒 15 帧以上就可以达到连续的影像效果。

下面先讲述“动画”面板、优化动画帧以及调用“动画”面板中图层属性的基本知识。

1. “动画”面板

通过“窗口”菜单调出的“动画”面板默认以帧模式打开，可以显示动画中每个帧的缩览图。通过面板底部的帧工具可以设置“选择循环选项”、“选择第一帧”、“选择上一帧”、“播放动画”、“选择下一帧”、“过渡动画帧”、“复制所选帧”、“删除所选帧”以及“转换为时间轴动画”。

选择循环选项：设置动画导出时的播放次数。

选择帧延迟时间：设置每帧在播放过程中的持续时间。

过渡动画帧：能在两个现有帧之间添加一系列帧，使两个原始帧之间图层属性的位置、不透明度、效果均匀变化。

复制所选帧：可复制“动画”面板中选定的帧，添加在被复制帧之后。

转换为时间轴动画：将当前“动画”面板模式由帧动画模式转换为时间轴动画模式，时间轴动画模式可显示文档图层的帧持续时间和动画属性。

2. 优化动画帧

完成动画后，如果要运用于网页，则最好进行“优化动画”以便快速下载到 Web 浏览器。可以单击选取“动画”面板菜单中的“优化动画”选项，一般按其默认勾选。或在导出动画所用到的“存储为 Web 和设备所用格式”对话框的优化区进行优化处理，并可在 Web 浏览器中预览优化的图像，在预览优化效果的同时还会列出图像的文件类型、像素尺寸、文件大小、压缩规格和其他 HTML 信息。

3. 调用“动画”面板中图层的属性

1）统一图层属性

在“动画”面板的帧动画模式中，更改一个帧的图层属性。然后在“图层”调板中，单击“统一图层位置”、“统一图层可见性”或“统一图层样式”，可以将更改的属性应用于现有图层中的其他帧。

2）传播帧 1

当勾选该选项时，意味着将第 1 帧的属性改变传播给所有帧。它可以很方便地改变整个动画中某些物体的设定。即使原先每个帧都设定了不同的图层位置，“传播帧 1”也依然有效。效果等同于所有帧中的坐标按照第一帧进行偏移。

下面制作一个网店推广动态图像实例。

1. 创建动画图像文件

设定文件大小为 210 像素×320 像素，分辨率为 72 像素/英寸，背景为白色，保存为“dongtu. psd”。在 Photoshop CS3 软件中打开素材文件夹，将里面各图像文件全选后复制粘贴到新的图像文件中，通过“自有变换”调整到合适。然后继续在图层上用文字工具制作推广信息。如图 4.1 所示为网店动态推广图像的制作效果。

图 4.1 网店动态推广图像的制作效果

然后再添加一个新图层,全选图像后形成选区,单击“选择”菜单栏“修改”列表中的“收缩”命令,收缩 2 像素。然后单击“编辑”菜单栏中的“描边”命令,描边宽度为 2 像素,颜色为粉色,位置“居外”。这样在推广图像最外层形成一个细线框,最后取消选区,完成整个推广静态图像的制作。如图 4.2 所示为创建推广图像文件。

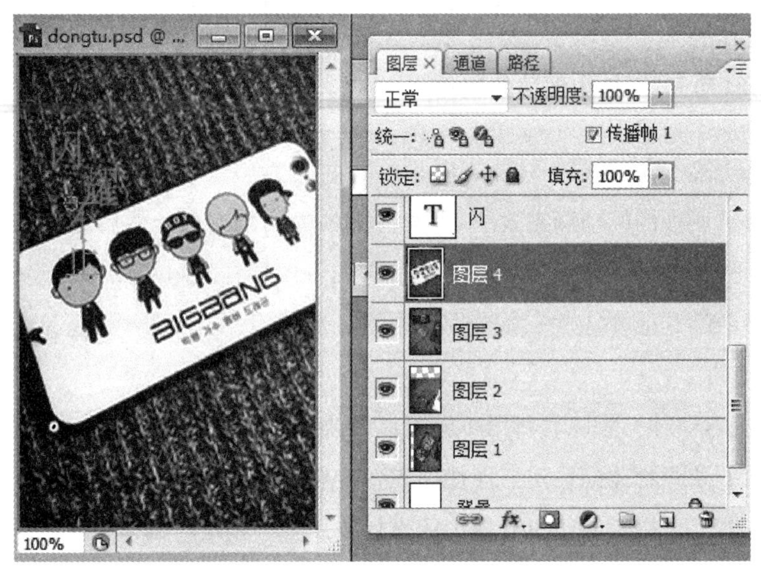

图 4.2 创建推广图像文件

2. 创建帧

选择调出“窗口”菜单中的“动画”面板,在面板下角选择“拷贝单帧”。由于前面一共导入了 4 幅手机壳图像,则选择三次,一共形成 4 个帧。在默认的第 1 帧中,使用鼠标关闭“图层 1”、“图层 2”、“图层 3”的可见性。然后使用鼠标选择第 2 帧，在对应的“图层”面板中，关闭“图层 1”、“图层 2”、“图层 4”的可见性。

3. 设置帧状态

在“动画”面板中，通过分别选择各帧，改变该帧的延迟时间，如图 4.3 所示为选择帧延迟时间。在选择帧延迟时间下方，可以选择循环次数，将其设置为“永远”。可以通过“动画”面板上的“播放动画”的三角形按钮预览动画。

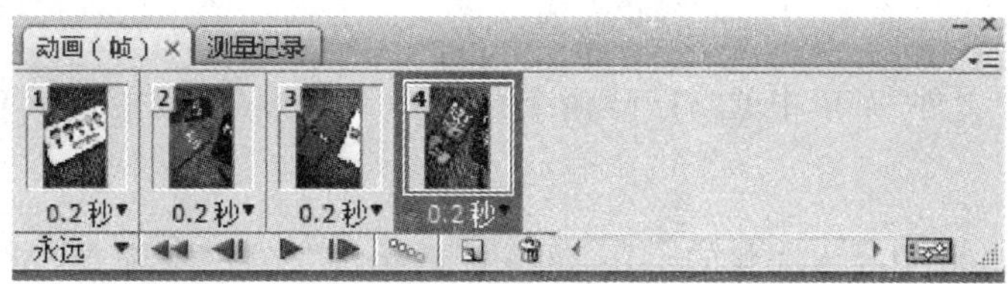

图 4.3　选择帧延迟时间

4. 导出动画

要将动画导出成可运动的动态 GIF 图片格式，需要通过“文件”菜单栏中的“存储为 Web 和设备所用格式”命令导出，如图 4.4 所示为命令导出对话框。

单击“存储”按钮后，可以保存为 GIF 格式，完成制作。

图 4.4　“存储为 Web 和设备所用格式”命令导出对话框

4.2 创建网店促销区域动画

下面先讲述 Photoshop 导入完整的 GIF 动画、过渡动画帧、“图层”面板中图层的属性等基本知识。

1. Photoshop 导入完整的 GIF 动画

通过单击“文件”菜单中的“打开”命令打开 GIF 动画，则只能显示 GIF 动画的第一帧。

在 Photoshop 中导入完整的 GIF 动画需要通过“文件”菜单的“导入”列表中的“视频帧到图层”命令。这个命令需要系统中安装有 QuickTime 7.1 及以上版本才能使用。单击该命令，在弹出的浏览窗口的“文件名”处输入“*.*”，再单击“载入”按钮，这样可以看见除 QuickTime 影片外的文件列表，再选择要打开的 GIF 动画文件，单击“载入”按钮。下面的操作和之前的类似。

2. 过渡动画帧

“过渡动画帧”可以减少创建动画效果(如渐现、渐隐或在物体移动帧等)所需的时间。同时如果手工制作逐帧动画也难以保证每帧的分配均匀和定位准确。创建过渡帧之后，还可以分别对它们进行编辑。

只要设定好该动画的起始帧属性和结束帧属性，就可以在这两帧中产生对位置、不透明度或效果平均的过渡。如果是移动，则就是在起始帧中设定好起点的位置和在结束帧中设定好终点的位置。

1) 指定在要添加的帧中改变的图层

所有图层：改变所选帧中的全部图层。

选中的图层：只改变所选帧中当前选中的图层。

2) 指定要改变的属性

位置：在起始帧和结束帧之间均匀地改变图层内容在新帧中的位置，即移动。

不透明度：在起始帧和结束帧之间均匀地改变新帧的不透明度。

效果：均匀改变起始帧和结束帧之间的图层样式。

3. “图层”面板中图层的属性

“图层”面板中的“统一图层位置”、“统一图层可见性”和“统一图层样式”决定如何将当前动画帧中的属性更改应用于同一图层中的其他帧。当选择其中某一项时，将在同一图层的所有帧中更改该属性；当取消选择该按钮时，更改将仅应用于当前帧。

“图层”面板中的“传播帧 1”将对第一帧中的属性所做的更改应用于同一图层中的其他帧。选择该选项后，更改第一帧中的属性，同一图层中的所有后续帧都会发生与第一帧相应的更改。

4. 优化动画帧

完成动画后，一般应优化动画以便适应 Web 浏览器。可以在导出动画时进行优化，可以将一种特殊仿色技术应用于动画，确保仿色图案在所有帧中都保持一致，并防止在播放过程中出现闪烁。也可以在“动画”面板菜单栏选取“优化动画”命令。该命令中的两个选项，一般均默认勾选。

(1) 外框：将每一帧裁剪到相对于上一帧发生了变化的区域。使用该选项创建的动画文件比较小，但是可能与不支持该选项的 GIF 编辑器不兼容。

(2) 去除多余像素：使帧中与前一帧保持相同的所有像素变为透明的。

下面制作一个网店促销区域动画实例。

1. 编辑促销区域图像文件

在 Photoshop 软件中打开所需的促销区图像文件，然后对标题图层、背景色等进行适当修改。

2. 导入 GIF 动画文件

首先，使“动画”面板显示为“动画(帧)”模式。单击“文件”菜单栏“导入”列表“视频帧到图层”命令，在弹出的“载入”对话框中找到 GIF 动画所在的路径。然后在“文件名”文本框内输入“*.*”文件名，再单击“载入”按钮即可载入。

这时文件夹中所有文件会出现，从中选择所需 GIF 动画文件，再单击“载入”按钮出现 GIF 动画导入范围选择界面。设定后，单击“确定”按钮完成导入。

这时可将该动画按每个帧依次导入到一个新图像文件中，即通过每帧不同图层的可见性来显示从而实现动画效果，将所有帧选中后，更改其统一的每帧显示时间来降低动画速度。如图 4.5 所示为完成导入动画文件后的“动画”面板。

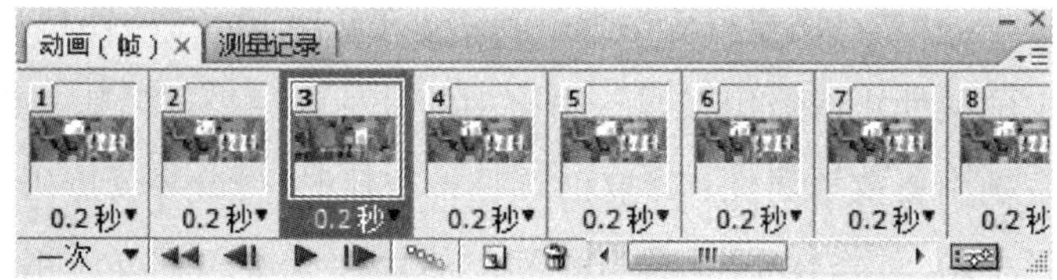

图 4.5 完成导入动画文件后的“动画”面板

打开促销区域图像，在“图层”面板中“图层 2”上方，新建一个组，命名为“sd”，然后将导入动画文件的所有图层依次复制粘贴到该组中以便于管理。再通过辅助线的定位功能将“图层 2”的范围明确，作为 sd 组其他各个图层“自由变换”的参照物，调整使其一致，最后把原先的“图层 2”删去。

3. 设置过渡帧动画

由于过渡帧动画需要通过自己定义首末帧的相应属性，而 Photoshop 软件生成中间过渡帧，不需要各帧相应属性一致，那么就选择“图层”面板，将“传播帧 1”前面的勾选取消，然后再单击“动画(帧)”面板中的“拷贝单帧”，生成末帧。

选中起始帧中的“SPRING”所对应的文字图层，将该图层的“不透明度”改为“0%”。将“新款包邮”图层和“新春新款”图层对齐。再选中末帧，确保“SPRING”所对应的文字图层的“不透明度”保持“100%”。再向左移动“新款包邮”图层至左侧分割线。

然后单击“动画”面板上的“过渡帧动画”按钮，按如图 4.6 所示设置。单击“确定”按钮完成过渡帧动画设置，共 7 帧，能使“SPRING”文字由淡到完全显示，“新款包邮”文字向左移动。

再选中最后一帧第 7 帧，复制所选帧来继续完成后半部分过渡帧动画。将第 8 帧中“SPRING”和“新款包邮”图层属性恢复到第 1 帧的状态。然后同样单击“动画”面板中的“过渡动画帧”按钮，过渡 5 帧，最后一共生成 13 帧动画。需要一共生成 13 帧是因为前面导入的 GIF 动画共 13 个图层，也就需要 13 个帧提供不同的图层可见性来结合。

4. 结合逐帧动画和过渡帧动画

在这 13 个过渡帧中，依次在每一帧调整不同图层的可见性来完成逐帧动画和过

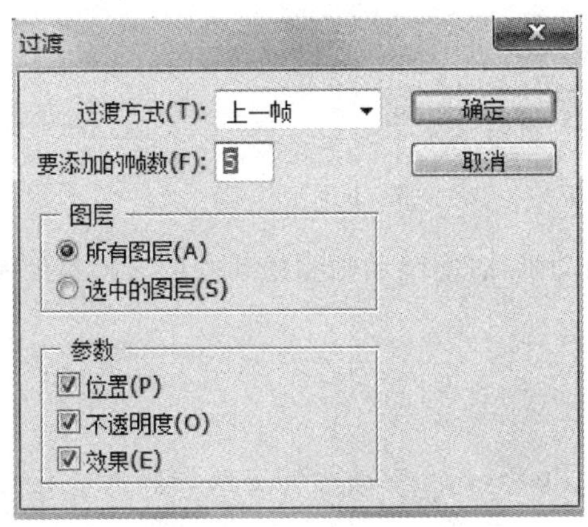

图 4.6　过渡帧设置

渡帧动画的结合。效果方面，使得“SPRING”背景的红紫变换隔帧进行，标语上下抖动出现，星星闪烁出现。如图 4.7 所示为促销区域动画文件。

图 4.7　促销区域动画

5. 优化

单击“动画”面板右上角的菜单选项，选择“优化动画”，将两项“外框”和“去除多余像素”均勾选，完成优化。

6. 导出动画

将动画导出成可运动的动态 GIF 图片格式，保存类型为“仅限图像”。

4.3 创建网店店标动画

下面先讲述时间轴动画、时间轴动画和帧动画的转换等的基本知识。

1. 时间轴动画

时间轴动画现在是 Photoshop 中动画的主要编辑器。它与逐帧动画和过渡动画不一样，只要在动画运行时间中设定各图层的关键帧，在关键帧位置上改变图层的属性，就能自动生成动画，大大方便了动画制作。

“时间轴”面板和“图层”面板比较类似，也是按图层名称划分，各图层与“图层”面板一致。图层属性，即动画项目，可通过单击图层左方的箭头展开。不同性质的图层，其动画项目也不相同，常见的为普通图层、带蒙版的普通图层、文字图层等。除了共有的位置、不透明度、样式等图层属性外，文字图层多了一个“文字变形”动画项目，而带蒙版的多了与蒙版有关的动画项目。

在所有图层之外，有个“全局光源”时间轴轨道，全局光可以在图像上呈现一致的光源照明外观。在这里设置动画项目，主要是在其关键帧上更改“全局光源”的光照角度和高度，可以通过“图层”菜单的“图层样式”列表中的“全局光源”设置，对图层如投影、内阴影以及斜面和浮雕等效果产生影响。

在“时间轴”面板各图层列表上方有一组数字，如“0:00:00:00”，这是当前的时间轴时间设定，从右端起分别是毫秒、秒、分、小时。一般也就用到秒这一级。时间轴时间设定后面括号中的“30.00fps”，表示帧速率，即每秒多少帧。一般取值为整数。按照默认的设置，时间轴总长是 10s，每秒 30 帧，这样总帧数就是 300 帧，对于一般网页动画来说是一个较大的数值了。

在时间轴动画中，可以通过移动图层蒙版的位置来创建动画。移动图层蒙版需要通过取消与图层间的链接来实施，再通过选择工具箱中的“移动工具”来移动蒙版，也可以通过键盘方向键移动。查看并对蒙版编辑可按住 Alt 键后单击蒙版图标。

2. 时间轴动画和帧动画的转换

可以将在 Photoshop 中创建的帧动画转换为时间轴动画，以便使用关键帧和其他时间轴功能来利用动画表示图层属性。也可以将时间轴动画转换为帧动画。不过，视频图层在帧动画中将无法播放，并且在转换中可能会丢失一些关键帧图层属性。

下面制作一个网店店标动画实例。

1. 打开网店店标文件

在 Photoshop 软件中打开 banner.psd 文件，在“动画（帧）”面板中单击右下角的“转换为时间轴动画”按钮，进入“动画（时间轴）”面板，如图 4.8 所示。

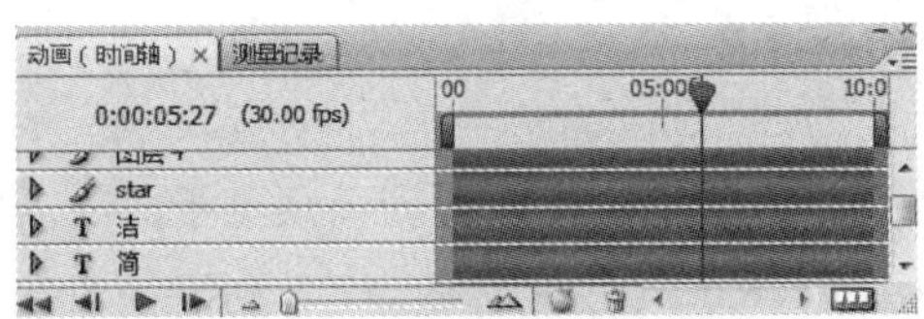

图 4.8 “动画(时间轴)”面板

2. 设定时间轴

用鼠标选中“图层”面板最顶层的图层 gg，再单击“创建新图层”按钮。再使用“油漆桶工具”使该图层为全白，通过单击“添加图层蒙版”，给该图层添加图层蒙版。用鼠标单击图层缩略图和图层蒙版之间的链接符号，取消蒙版到图层的链接。按住 Alt 键单击蒙版，进入图层蒙版编辑视图，通过“油漆桶工具”进行黑色填充，再使用“矩形工具”在黑色填充区域中拉出白色或者灰色的粗细不均的细线条。也可以结合使用矩形选区工具和油漆桶工具来创建同样的效果，并可加上“羽化”效果。

单击设定“时间轴(动画)”面板中的该图层的“扩展”按钮，显示该图层的可设定图层属性。将“当前时间指示器”移动至起始位置，然后分别选择“图层蒙版启用”和“图层蒙版位置”前面的“时间——变化秒表”图标，设立起始关键帧。

再将“当前时间指示器”移动至结束位置，分别选择“图层蒙版启用”和“图层蒙版位置”前面的“时间——变化秒表”图标，设立结束关键帧。然后选择工具箱中的“移动工具”，通过键盘方向键向右移动“图层蒙版”至目标位置，通过油漆桶工具对露出的白色部分使用黑色填充。然后使用“矩形工具”在黑色填充区域中拉出白色或者灰色的粗细不均的细线条，使整个动画得以连续。

用鼠标单击该图层蒙版所对应图层的缩略图，即回到编辑页面，完成图层蒙版动画，如图 4.9 所示。

图 4.9 完成图层蒙版动画

3. 预览动画,调整动画速度

可以通过“动画”面板上的播放控件进行动画预览播放。若需要调整速度时间,可单击面板右上角的菜单,选择“文档设置”,调出“文档时间轴设置”对话框,将默认的“30fps”改为“自定”的“15fps”,减慢动画速度,如图 4.10 所示。

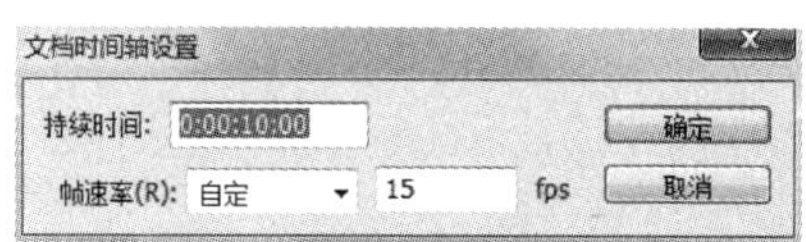

图 4.10 文档时间轴设置

4.4 无线店铺动态图像实例介绍

随着手机的发展,越来越多的人用手机淘宝进行购物,因此,需要装修设计好自己的无线店铺,减少客户的流失,促进买家下单。

无线店铺装修与设计课程作业可以在一周时间内“在做中学”。整个设计制作过程也分为 4 个步骤,分别是小组讨论,定主题;收集素材、资料;讨论并绘制网页的版式;制作并完成页面设计。

课程作业解决如下几个问题。

(1) 团队沟通与协作。当遇到小组成员想法不一致时,学会多沟通,勤讨论。学会团队合作,和组内(外)成员沟通,并合理分配时间完成设计制作。

(2) 自行解决问题。在设计制作过程中,遇到问题,学会自行解决,自己解决的问题记忆更为深刻,思考进一步深化。

下面展示几个设计完成的无线店铺(不限于手机淘宝店铺)动态图像及其页面,为读者提供参考。

无线店铺页面1：女式小手工类店铺

如图4.11所示为女式小手工类店铺页面。面向用户群为女生，整体风格比较Q，比较可爱。其中包括与日常生活中点滴相关的手工设计。在首页中更有一些暖心的话来激励用户过好每一天，在发现一栏中也有一些小手工小乐趣来丰富用户的日常生活。如图4.12所示为单击后变化的图标。

图4.11　女式小手工类店铺页面

图 4.12　单击后图标的变化

无线店铺页面 2：影视节目类店铺

如图 4.13 和图 4.14 所示为影视节目类店铺页面。为用户提供付费影视节目等服务。在店铺页面上，创建了店铺推广动态图像，在显示界面受限的情况下最大化地呈现了店铺的内容。

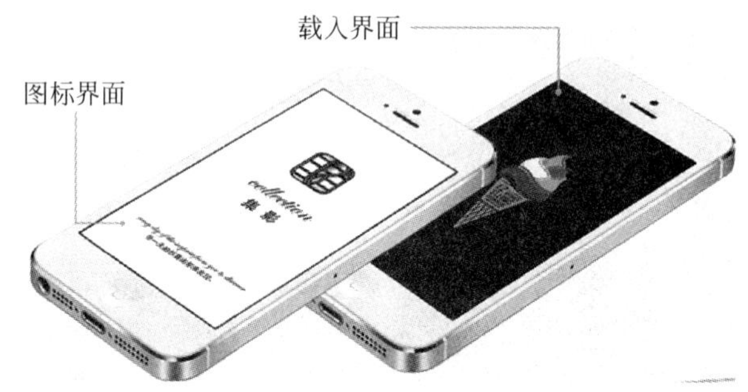

图 4.13　影视节目类店铺效果页面

无线店铺页面 3：水果类店铺

如图 4.15 和图 4.16 所示为水果类店铺页面。首页由页头、动态图片轮播、分区分类、卖家推送和页脚等组成。如图 4.17 所示为促销区域动画的效果图。

无线店铺页面 4：盆栽类店铺

如图 4.18 所示为盆栽类店铺页面。该店铺主要经营多肉植物，并分享照顾多肉的知识和经验。页面包括热卖经典、每日优惠、新手指南等三大块，每块内容下都有购买的相应链接指南。

无线店铺页面 5：服装类店铺

如图 4.19 所示为服装类店铺页面。显而易见，该店铺主营简洁时尚的服装，颜色以黑白灰三个系列为主。在页面中也制作了促销区域动画，并为每件产品添加了动态图像。

无线店铺页面 6：美食类店铺

如图 4.20 所示为美食类店铺页面。在店铺中可以单击首页的搜索框搜索美食，可以在首页滑动图片寻找美食。单击下方的导航条可以切换到不同板块的页面。其中多处使用了动态图像技术。

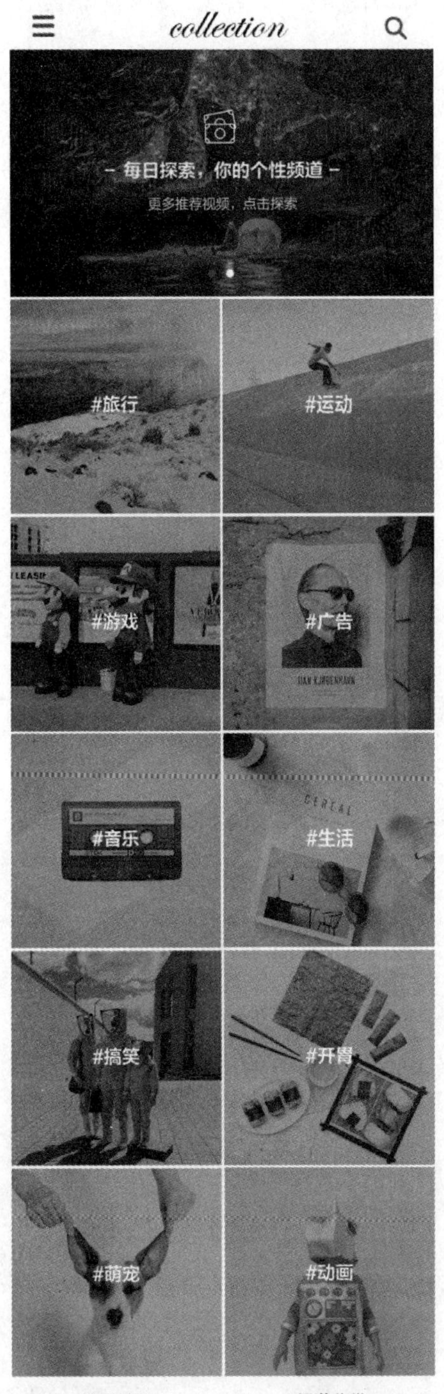

图 4.14 影视节目类店铺页面

图 4.15 水果类店铺页面 1

图 4.16 水果类店铺页面 2

图 4.17 促销区域动画效果

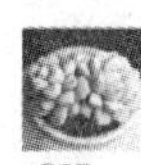

图 4.18　盆栽类店铺页面

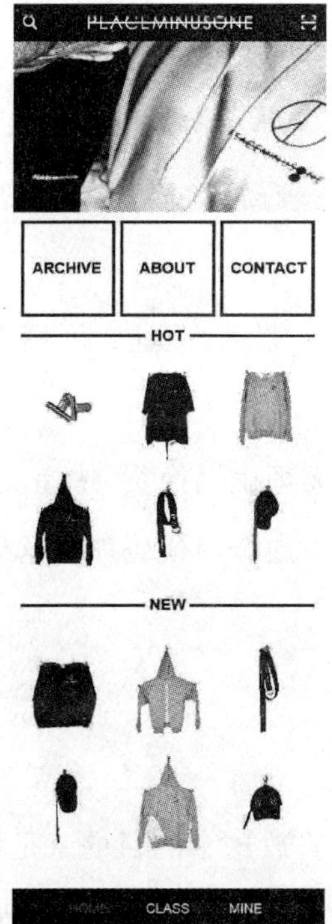

图 4.19　服装类店铺页面

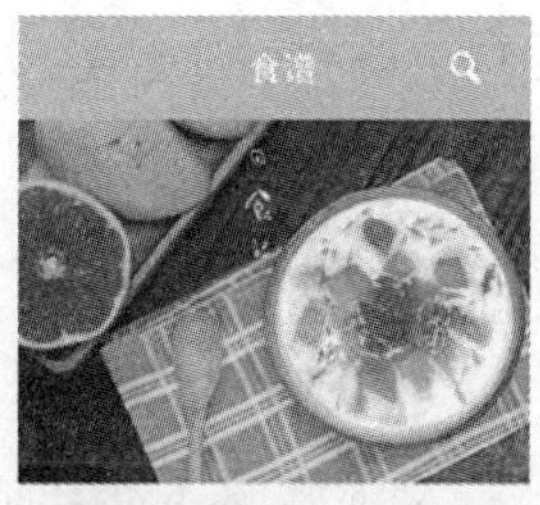

图 4.20　美食类店铺页面

4.5 拓展知识：5 处店铺装修设计的地方

做好这 5 个地方，淘宝店铺装修想不过关都难！

甩手网 2016 年 8 月 29 日

（资料来源：http://www.shuaishou.com/school/infos18920.html）

想要淘宝店铺装修过关，前提是你必须了解哪些地方是需要重视的，只有了解之后装修出来的效果才会更完美。下面就主要来讲讲在店铺装修过程中哪些地方需要重视。

1. 首页

店招：有三种，即默认、自定义、bannermarker（马上要关闭该功能了）。

导航栏：一般会有首页、所有宝贝，以及其他分类名称，可以进行设置。

店招加上导航栏就是页头。可以自定义把这两块放在一起，从而减少导航栏设置的麻烦。

搜索栏：有系统自带和自定义两种。自带的比较简单，添加一个搜索模块即可；自定义需要用些代码。

950 部分：C 店是 950px 宽度，天猫店是 990px 宽度。（注：可用全屏代码扩充 1920px 宽度。）

底部：一般都是写服务方面的事项，比如 7 天无理由退换货、快递发货等。

自定义模块：可添加代码、图片、文字、视频。添加全屏代码就在这里。

常用的代码：全屏海报、全屏轮播。

2. 详情页

详情页基本上会有公共部分（海报＋产品关联），放这个的目的一是增大产品的曝光率，二是增加访问时间。产品关联可以放热销款产品、产品搭配套餐等。

产品详细介绍基本上会分为几个模块：①产品海报；②购买理由；③产品卖点；④产品基础信息；⑤产品细节图；⑥产品场景图；⑦产品生产过程；⑧适用人群。

注：

(1) 详情页不是越长越好。不同类目都不同。比如3C类目产品详情页基本上在15 000px以上，食品类目详情页基本上在10 000px以内。把重要的部分展现出来基本上就可以了！

(2) 天猫店的公共部分可以放在详情页顶部或者底部；C店的公共部分系统默认只能放在底部，所以C店的朋友要添加公共部分的话，那就得一个一个添加了。

3. 主图

主图的尺寸建议是800px×800px以上，也可以是400px×400px，只不过没有放大功能。每张图都可以放上一些言简意赅的文字，比如包邮、半价、清仓等。尤其现在手机端流量很大，一般客户都会优先看主图，因此图片必须清晰。

4. 分类页以及侧边栏

分类页：好多人都会忽略这一块，觉得这一块不重要。实际上，产品分类便于消费者选择。可以按照价格、销量、品类等进行分类。这块只需要在后台进行分类即可，图片也可以设计。

侧边栏：在所有宝贝页面的左侧、详情页的左侧都是侧边栏，这块可以放热销产品、搜索条、手机端二维码。宽度是190px，高度随意。

5. 手机端页面装修

如今手机端需要重视起来。首页装修里面有许多功能，有系统自带的，也有自定义的，大家可以自己尝试一下。不管怎么做，务必要装修一下。至于为什么，我就不多说了！手机端图片宽度是608px，高度最低的是152px。手机端详情页可以直接用计算机端的。可以添加文字、图片、视频。高度不可超过20 000px。C店的小伙伴们可以用淘宝神笔来编辑手机端详情页。

系统自带的模块有很多，只要把产品图添加上去即可。比如系统默认的模块中有：宝贝推荐、宝贝排行、客服中心、宝贝搜索等。需要动手的基本上是自定义模块了，比如详情页，必须自己动手作图。

怎么样？这些是不是很重要呢？其实目前来看，最重要的算是手机端。对于中小卖家来说，最重要的算是详情页了。原因是消费者进店基本上是搜索产品进来的，先会看详情页(PC端或无线端)。不同阶段的卖家会做出不同的方案。

第5章 网店的其他装修

5.1 为商品添加水印

一般可以将店铺的logo或店铺的网址作为水印，添加水印主要起到防止图片被盗和宣传店铺的作用，添加水印注意不要让水印显示很大，水印的不透明度可以降低，不影响到商品的视觉效果即可。

下面通过文字工具创建文字来制作水印。

1. 文字水印

(1) 使用Photoshop软件打开素材图片，如图5.1所示。

(2) 单击“文字”工具，选择“横排文字工具”，设置文本的颜色为橘黄色，输入logo文本，随后调整图层的不透明度至30%。如图5.2所示为调整图层的不透明度。

(3) 全部设置完成后，保存文件，完成文字水印的添加。

2. 图片水印

可以使用logo作为图片水印，下面来制作图片水印。

(1) 打开素材图片。

(2) 打开水印素材图片，logo水印背景要透明。如图5.3所示为透明的logo水印。

我们需要水印logo图片是透明的，这样更容易给素材添加水印。注意在制作水印图片的时候，将水印logo保存为PNG格式。

(3) 将水印logo拖曳到素材图片上，通过“自由变换”命令或者快捷键Ctrl+T缩

图 5.1　打开素材

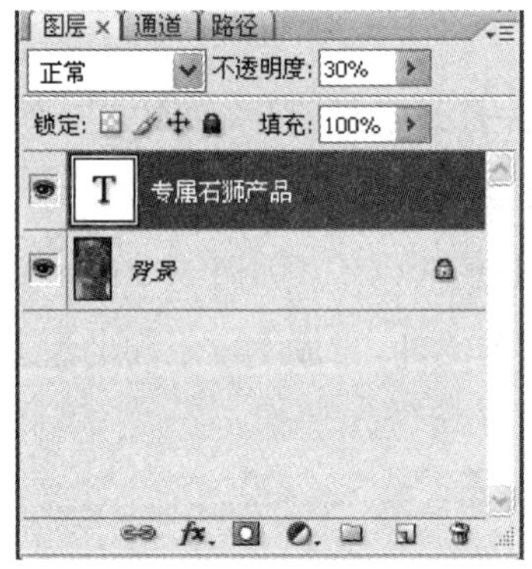

图 5.2　调整图层的不透明度

放水印大小,并将 logo 调整到合适的位置,调节图层透明度。

(4) 完成水印制作,存储文件。

3. 批处理

批处理可以批量地给照片调色,批量地加画框或者批量地添加水印。这里可以制

图 5.3　logo 水印

作动作，针对批量图片处理的话，运用动作即可。

(1) 打开素材图片。

(2) 打开“动作”面板，单击“创建新组”图标，弹出新建组，输入名称。

(3) 单击“确定”按钮，单击“创建新动作”按钮，单击“记录”按钮，开始记录操作步骤。

(4) 新建曲线调整图层，预设选择“增加对比度”。如图 5.4 所示为调整曲线。

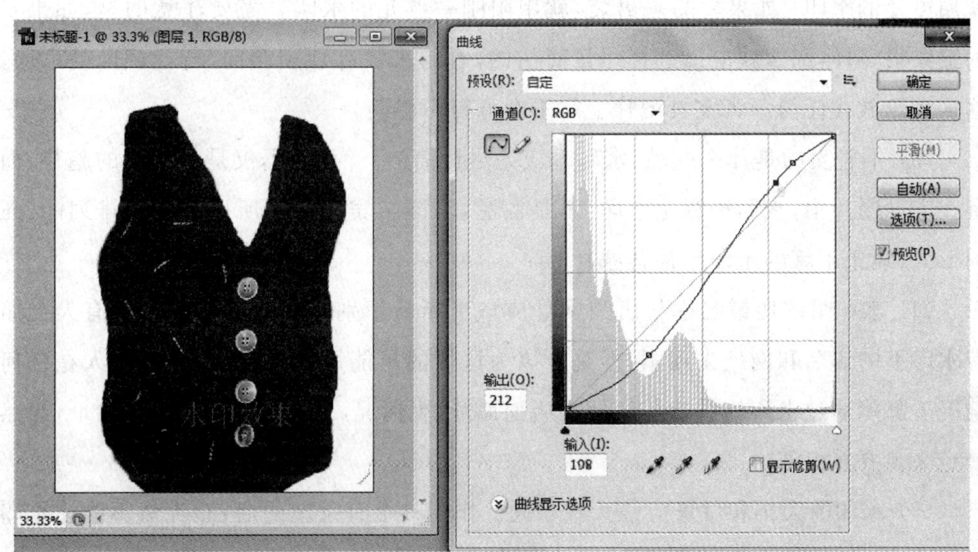

图 5.4　调整曲线

(5) 选择“文字工具”输入文字水印效果，不透明度设置为 50%。

(6) 单击“文件”→“存储为”命令，将文件存储到新建的文件夹内，文件格式为 JPG 格式。

(7) 关闭制作的文件，我们来看“动作”面板。

(8) 我们制作的动作将被记录下来，单击“停止动作”按钮，完成动作的制作。

(9) 打开其他素材图片，单击“播放选定的动作”执行动作，动作执行后自动关闭文件。

(10) 打开执行动作后的图片，查看效果，所有的图片上都添加了对比度和水印效果。

4. 淘宝产品图片加水印注意事项

宝贝图片加水印是用来防止别人盗取自家店铺宝贝图片以及起到一定的宣传作用的一种手段。宝贝图片加水印是需要一定技巧的，做得好还能提高商品图片的美观，也能显示店铺的档次。不过水印的运用是有学问的，它的功能除了防盗之外，作为一个视觉元素，美观和适合也很重要。所以下面分享几点宝贝图片加水印注意事项。

(1) 如果淘宝店铺已经有标志，那么最好就利用店铺标志来做水印。一来可以抓住每一个让人记住店铺的机会，二来可以体现出店铺系统化、规范化的感觉。

(2) 水印的设计应该符合店铺气质。这一点很好理解，如果店铺卖的是少女装，就用可爱的水印；如果卖的是男装，就用阳刚一点儿的水印。需要注意的是，如果卖的宝贝很多样，那么就应该选择尽量简洁的，看起来没有性别倾向、行业倾向的水印，这样水印放在任何一张宝贝图片上就不会显得不协调。

(3) 不管卖的是什么产品，水印都应该尽量简洁。简洁，不仅是设计界的趋势，而且在宝贝图片中，水印毕竟是水印，不是商品，不能喧宾夺主。所以纯文字排列的、几何形的、线条干练的水印是最佳选择。

(4) 水印里的店铺名称与店铺网址应该清晰易识别。虽然不知道是否有人会照着水印上的店名和网址去搜索，但是应该为这样的可能性提供机会，让任何人在任何情况下都能通过水印提供的信息找到店铺地址，更何况，那是自己的店名和店址，当然一定必须要看得清。

(5) 水印的大小和位置应该大致相同。作为一个有条理的店铺，当然不能让水印像个游魂一样一会儿出现在这儿、一会儿出现在那儿，显得杂乱且随便，最好固定一个大致位置，大小以图片宽度的 1/3 为最佳。

(6) 水印的颜色以黑白灰为最佳。这与第三条追求简洁是一个目的，还因为每张宝贝图片颜色都不一样，所以为了保证水印放在每张图上都协调，就不宜有色彩。比如一个红色水印它适合红色宝贝，但如果是一个绿色宝贝，可能就会不恰当了。

5.2　为商品制作边框模板

在图像中添加边框使图像有凝聚感，视觉更集中，表达主题更直接。通过Photoshop 软件可以制作有多种样式的边框效果。例如，使用“图层样式”中的“描边”选项，或者通过创建选区来添加边框，再或者利用边框素材进行修饰。其具体操作如下所示。

1. “描边”样式添加边框

使用“描边”图层样式可以为商品照片添加上相等宽度的边框效果，具体效果如图 5.5 所示。

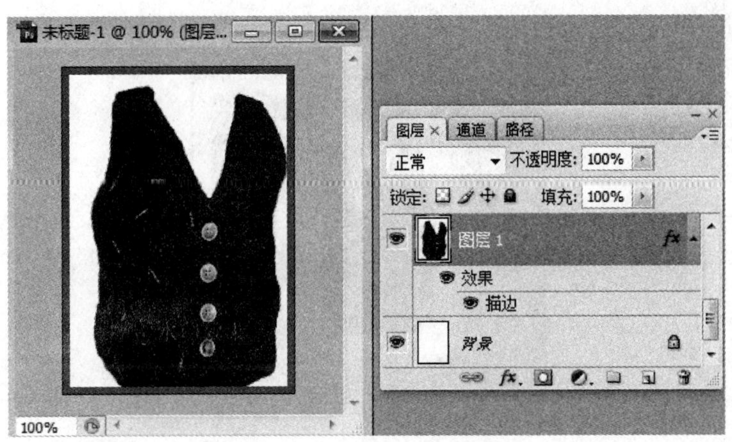

图 5.5　添加边框效果图 1

2. 创建选区制作边框效果

使用边框工具或者选区工具创建选区，为选区填充上适当的颜色，也可以为商品照片添加边框效果。如图 5.6 所示为使用选区添加边框的效果图，在其中可以看到这种方式添加边框的样式相比较“描边”选项来说显得更加丰富，更具变化性。

3. 使用素材制作边框

使用素材制作边框是添加边框效果中最为常用的一种方法，也是最实用的一种方

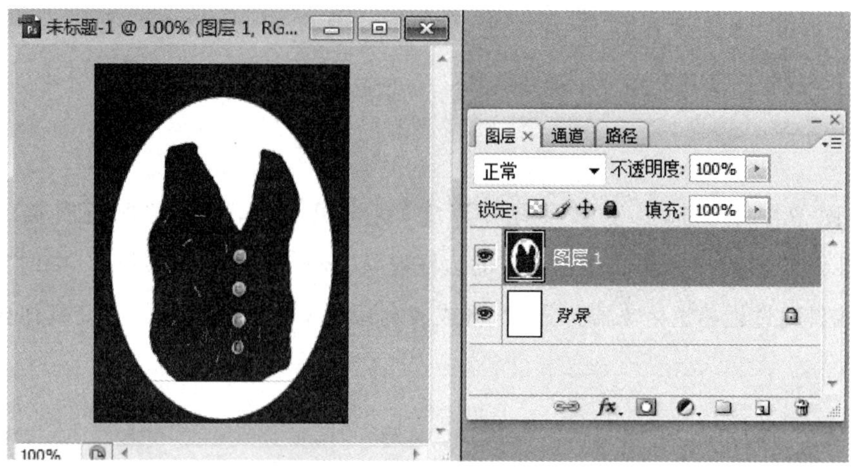

图 5.6 添加边框效果图 2

法，根据素材的变化，可以实现多种边框效果。如图 5.7 所示为添加花卉素材后制作的边框效果图。

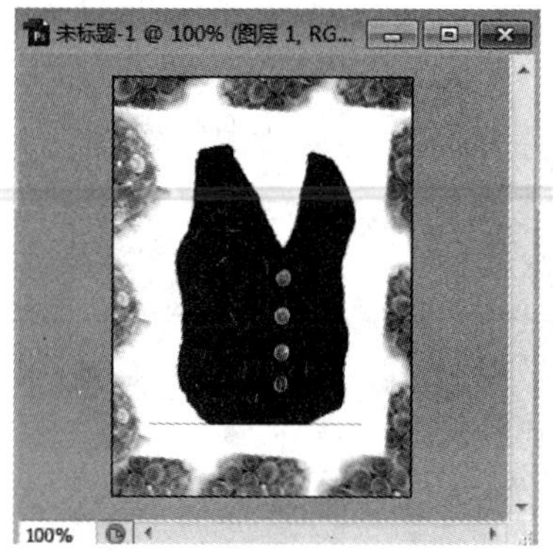

图 5.7 添加边框效果图 3

值得注意的是，这种添加素材而制作的边框效果，在很多时候需要进行抠图处理，编辑过程较其他方法显得更为烦琐。

4. “描边路径”绘制边框

在此介绍另外一种方法：使用“描边路径”可以画出任何想画的边框。使用矩形工具(圆形、圆角矩形、多边形都在这里)画出来的就是路径，而不是实心的填充色。然后单击鼠标右键，选择“描边”命令，输入描边宽度，确认颜色、位置为内部，即可完成描边。也可以在单击鼠标右键后，选择“填充”命令，直接在选区中填充所需的颜色。

5.3 为网店添加计数器

网店计数器又叫流量统计器，它是一个可以记录访客来源地址（包括IP、转入地址、搜索引擎地址、关键词、IE浏览器型号等），被访问页面地址（受访页面、停留时间、转出地址等）的数字递增的源代码程序。

源代码放置在网页中，每次有用户浏览到这个网页时就会触发这个源代码程序工作，然后全程记录所有信息，并以数字递增的方式把结果统计出来传到服务器，再到程序的服务器后台进行具体分析并实时保存，这就是网店计数器的原理。

1. 概念与区别

1) 什么是IP、PV、UV

IP（独立IP）：即Internet Protocol，指独立IP数。00：00～24：00内相同IP地址只被计算一次。

PV（访问量）：即Page View，指页面浏览量或点击量，用户每次刷新即被计算一次。

UV（独立访客）：即Unique Visitor，访问店铺的一台PC客户端为一个访客。00：00～24：00内相同的客户端只被计算一次。

2) IP、PV、UV的区别

IP（独立IP）：某IP地址的计算机访问网店的次数，具有真实性，所以是衡量网店人流量的重要指标。

PV（访问量）：PV反映的是浏览网店的页面数，所以每刷新一次也算一次。就是说PV与来访者的数量成正比，但PV并不是页面的来访者数量，而是网店被访问的页面数量。

UV（独立访客）：可以理解成访问网店的计算机的数量。网站判断来访计算机的身份是通过来访计算机的Cookies实现的。如果更换了IP后但不清除Cookies，再访问相同网店，该网店的统计中UV数是不变的。

2. 指标

被访页面：顾名思义，就是受访的页面，停留了多长时间，又转向到哪个页面去了。

来源页面：你的这个 IP 是从哪里来的(如浏览器直接输入，有啊社区，百度引擎，友情链接店铺等)。

小时统计：什么时间网店访问量最多，什么时间最少(可以根据这个调整商品上下架时间)。

天数统计：与时间统计相似，但分析方式不一样(这个月的哪一天访客人多，多的那一天卖了多少单，少的那天有没有生意等)。

月数统计：与天数统计一样，统计数据越多分析就更具权威性。

关键词与搜索引擎：这个主要是来源页面中的一项结果。(可以根据关键字看出网友是搜索什么关键字来的店铺，哪些关键词网友用得最多，这样就可以调整商品名称。或者分析这些关键字是从哪里来的，如百度引擎、雅虎中国，还是从谷歌来的等，这样可以根据引擎来源做网店的优化。)

3. 为网店添加计数器

网店和实体店一样，有人流才有钱流，实体店的人流量可以精确统计，但网店流量就不是凭人力所能统计的了，需要一个流量统计器。一般在淘宝箱里面可以加一个流量计数的计数器。为了节约成本，最好是使用免费的，比较了量子统计、好店铺，在此使用 51la 对添加计数器做说明。

选择 51la 统计器的原由是其强烈的设计图标风格、强大的统计功能，对于适用淘宝店铺来说可查看 IP 来源、IP 数、PV 流量、受访页面、省份城市、操作系统等。

(1) 在使用之前，需要先注册一下网店信息和站长信息。搜索打开 51la 的统计器官方网站 www.51.la，如图 5.8 所示。

(2) 登录过后，找到菜单“添加统计 ID”打开后，详细写上要添加的网站信息。

(3) 提交过后，51la 会自动创建统计 ID，稍等几秒钟。统计 ID 创建成功后，直接打开“获取统计代码”，找到“特殊用途代码”，复制其中的蓝色底纹一段代码，这是淘宝店铺中需要的代码。

(4) 复制过后，再打开淘宝店铺管理界面中编辑宝贝分类的页面，新建一个分类，命名为“51la 统计”并且添加分类图片，将刚刚复制的蓝色底纹代码粘贴到分类图片中。确定过后，再保存就可以了。

此外，51la 也可以用于独立网站的流量统计，方法很简单：直接将“统计计数代码”复制粘贴到网页的统计代码区就行了。

图 5.8　51la 的统计器官方网站

5.4　拓展知识：店铺装修的色彩提炼

淘宝店铺装修之色彩的提炼法则

甩手网 2016 年 8 月 31 日

（资料来源：http://www.shuaishou.com/school/infos18942.html）

只要开了淘宝店，想让店铺涌入更多的流量，淘宝店铺装修是必不可少的，可大部分人对这方面都不是很懂，更不会色彩的运用，因此，这里就主要来与各位分享在淘宝店铺装修过程中如何提炼出占领消费者心智的专属颜色。

提到梦露大家除了会想到她招牌性的动作，梦露丰满诱人的红唇应该也会浮现在你的脑海中。那么红唇就变成了记忆点，人家是不是一看到红唇就会想到梦露呢？这就是色彩的奥秘。

今天我想讲一讲线下的传统大牌和线上的互联网品牌之间的共性，这些品牌其实在色彩的应用上都有很强的思维逻辑，比如可乐红，喜力绿，当一个品牌占领了一种颜色，它在老远就能唤醒你的注意！

其实不只有一个品牌会使用红色作为品牌的主色调，但我们在线下购物时，看到红色会自然联想到可乐，这是因为可乐在使用红色的时候，同时向消费者传递着一个理念，那就是“开启快乐”。

我们再来看看线上的淘品牌，大家可以看到阿芙精油的店铺色调与 logo 的色调是由绿色和黑色组成，我们可以把绿色理解成天然的，黑色又代表优雅。店铺中反复使用到这两个颜色，这是因为颜色只有反复强调才能深入人心！

接下来以案例的方式讲解一下色彩的提炼法则，让大家能够玩转色彩！

1. 从品牌 logo 提炼

比如图 5.9“黑豆先生”这个品牌，它的 logo 是一个带着圆帽子的豆子，logo 的色调以黑色和黄色为主，这两种颜色分别代表着黑豆和黄豆，那么店铺的主色调也全篇以这两个颜色为主，给消费者带来统一和谐的美感。

图 5.9 “黑豆先生”网站

2. 从产品色调提炼

第二种色彩提炼方式是从产品的色调提炼，图 5.10 是一个厨具品牌，它的产品色彩主要由红、黑、灰三种颜色组合而成，而且品牌的 logo 也使用红色。店铺中底色使用灰色，产品文字使用黑色，而最需要突出的文字部分则使用了红色，让消费者能够在不知不觉中记住这个品牌。

图 5.10 某厨具品牌网站

3. 从人群特点提炼

图 5.11 是一个家具类目的品牌，首先来分析它的 logo。它的品牌 logo 主要由桔色和黑色构成，在店铺的首页上可以在被子的地方看到桔色的出现，而在被子上则可以看到黑色。

这个品牌是针对儿童的，那么我们来分析一下儿童有什么特点。小孩子普遍不喜欢一个人睡觉，他们害怕黑暗，缺乏陪伴，缺乏有趣的东西，总是被大人束缚着，没有属于自己的小空间。

所以我们可以看到店铺首页上的“点亮专属空间”，代表着：

(1) 点亮房间、空间的概念。

(2) 小孩子来到世界，每天醒来感受到最智慧、最自然的光。

(3) 是父母对于孩子的一种祝福和期盼。

4. 从竞争对手提炼

美的挂烫机最大的优势在于：将时尚和对生活的理解融于挂烫机的设计中，是一个有辨识度、有态度的时尚品牌，所以美的的品牌定位是：百变时尚、美的挂烫，如图 5.12 所示。

图 5.11　某家具类目品牌网站

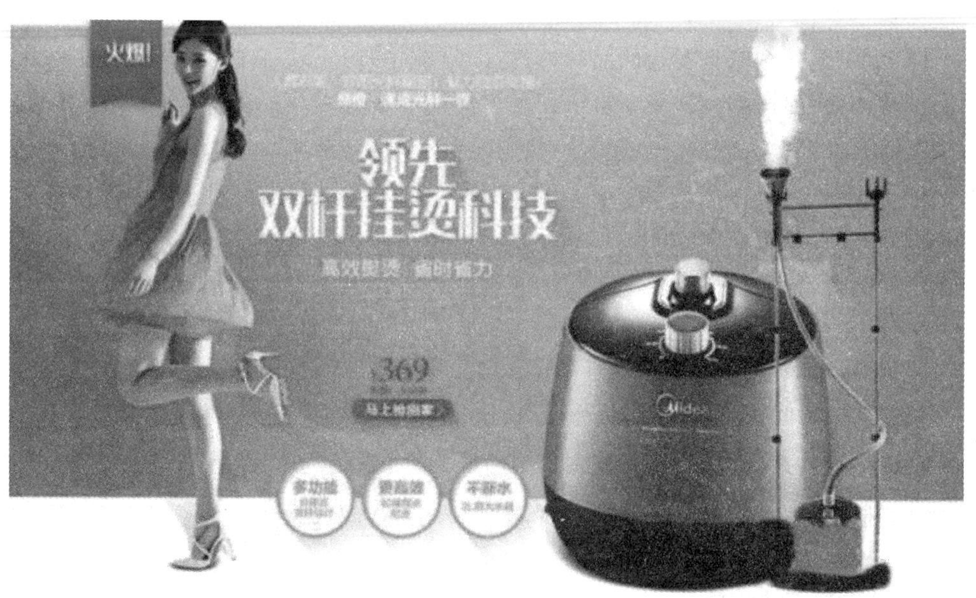

图 5.12　美的网站

第6章 创建与管理网站站点

6.1 网站栏目与文件目录设计

作为一个网店，和其他网站一样，日常的维护和管理是十分必要的。尤其面对中大型网店纷繁的内容与结构往往会不知如何入手，下面对站点栏目与文件目录的设计、站点的创建与管理进行说明。

1. 网站栏目设计

1）分析网站栏目

以为华意空间制作网店为例。开始之前，先要做些功课，华意空间为国内最具知名度的高端布艺沙发品牌之一。华意空间定义：用西方现代化的设计理念演绎传统东方智慧。在设计上推崇“以人为本”的设计原理，兼顾观赏性与舒适性于一体，自由随意的组合方式，舒适自在的功能延伸，倡导独立自由、独一无二的生活空间。

根据小组讨论的情况，确定主题为华意空间这个家具的品牌。小组分工搜集素材及其他家具网站的参考图，拓展眼界，为后期设计做好准备。随后，完成网页的草图设计，确认每个网页的排版及内容方案。页面设计方案如图 6.1 所示。

2）绘制网站栏目结构图

上面对网站的整体介绍及栏目内容进行了分析，为了更加直观清晰地表现网站的整体结构，采用 Word 软件的组织结构图是一种很好的表现方式。具体制作步骤如下。

(1) 插入“组织结构图”。以 Office 2010 为例，新建一个 Word 文档，执行“插入”→Smartart→“组织结构图”命令，打开“图示库”，如图 6.2 所示。

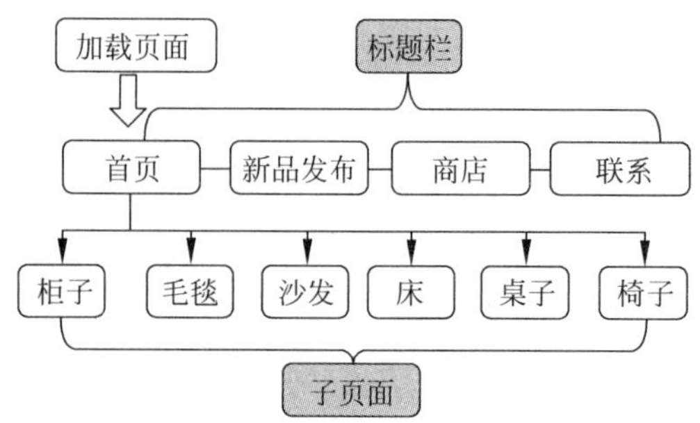

图 6.1 页面设计方案

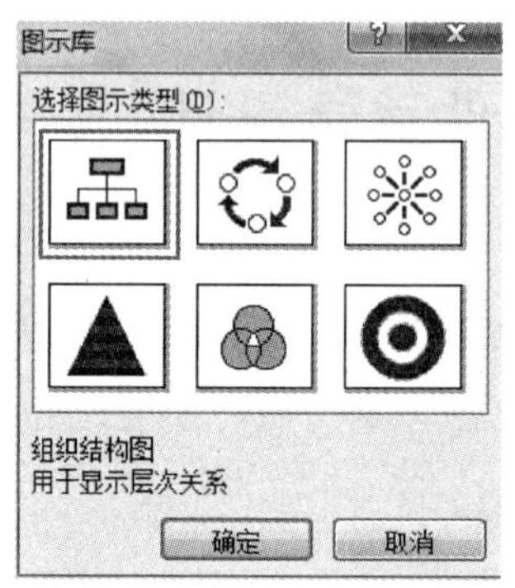

图 6.2 插入组织结构图

(2) 插入部件。双击选中组织结构图，在 Word 上方出现“组织结构图”工具栏，单击工具栏上对应的按钮，可选择插入各文本框所属的形状(下属、同事、助手)。

(3) 添加栏目文字。单击各文本框，添加相应的栏目名称。

(4) 自动套用格式。选中组织结构图，单击工具栏上的“自动套用格式”按钮，再单击“样式”按钮，选择弹出的“组织结构图样式库”。

在左侧“选择图示样式”列表中选择“金属线框架”，单击“确定”按钮套用图示样式，完成网站栏目结构图的绘制(如图 6.3 所示)，并保存文档。

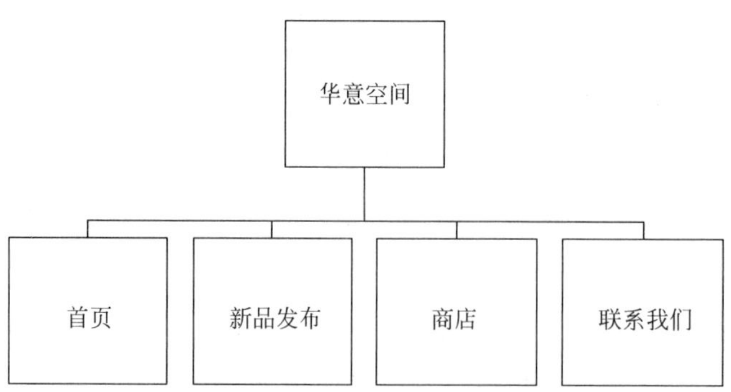

图 6.3 网站栏目结构图

2. 设计网站文件目录结构

为了便于网站的管理和维护，需要对站点下的文件进行分类放置。由于网站本身规模大，栏目设置多，因此按照栏目的类别创建文件夹并进行文件的管理较为合适。具体网站的目录文件及其功能说明如表 6.1 所示。

表 6.1 网站的目录文件及其功能

文件夹名	功 能
Images	放置图片
css	放置 CSS 样式文件
Js	放置 JavaScript 特效文件
flash	放置 Flash 动画文件
myshop	放置“我的门店”栏目下所使用的素材及网页文件
activity	放置“最新活动”栏目下所使用的素材及网页文件
shopping	放置“逛逛商城”栏目下所使用的素材及网页文件
join	放置“加入商城”栏目下所使用的素材及网页文件
agent	放置“代理加盟”栏目下所使用的素材及网页文件
about	放置“关于我们”栏目下所使用的素材及网页文件
contact	放置“联系我们”栏目下所使用的素材及网页文件

网站的目录是指建立站点时创建的目录。网站目录结构直接体现于 URL。清晰简短的目录结构和规范的命名不仅有利于用户体验和网址传播，更是搜索引擎友好的体现，其设计要点如下。

(1) 对于小型网站而言，一般只有一层子目录。

小型网站由于其规模小，数据内容有限，在通常情况下将网站下的文件按照其类型进行分门别类的放置。网站的网页文件包括首页及其二级页面，一般放在站点的根目录下，然后创建常用的文件夹用于放置网站所使用的各种类型的页面素材。

(2) 对于中大型网站，往往需要两三层子目录。

中大型网站通常情况下由于其数据量比较庞大，网站文件繁多，采用上述方式不利于文件的查找和管理。具体可以参考以下几种方式来进行网站目录的设计。

① 按栏目内容建立子目录

可以根据网站的主栏目来依次创建子目录。例如，企业站点可以按“公司简介”、“产品展示”、“在线订单”、“人才招聘”等建立相应目录。其他的不属于主栏目的，类似“企业动态”、“友情链接”等内容较多，需要经常更新的可以建立独立的子目录。而一些相关性强，不需要经常更新的栏目可以合并在一个统一目录下。

② 在每个主目录下都建立独立的 images 目录

通常情况下，每个站点根目录下都有一个 images 目录，只是用来存放首页和一些次要栏目图片。然后为每个主栏目建立一个独立的 images 目录，这样后续对于栏目内容的更新、删除以及下载，都是很有效的方法。

③ 目录的层次不要太深

目录的层次建议不超过三层。原因很简单，维护管理方便。

其他需要注意的还有：①不要使用中文目录。使用中文目录可能对网址的正确显示造成困难。②不要使用过长的目录。尽管服务器支持长文件名，但是太长的目录名不便于记忆。③尽量使用意义明确的目录，给目录取名尽可能达到见名知义的效果。

6.2 网站的创建与管理

1. 定义站点

对于初学者而言，可以利用如下的方式来完成站点的创建，以 Adobe Dreamweaver CS4 为例，具体步骤如下。

(1) 执行“站点”→“新建站点”命令，在弹出的对话框中切换到“基本”选项卡设置站点并设置站点的名称以及 HTTP 地址(代表站点可以访问的网址，由于暂时不考虑上传至服务器，所以设置为 http://127.0.0.1/neilimail，支持本地访问)。

(2) 单击“下一步”按钮，由于站点为静态网站，所以在弹出的窗口中选择默认选项，即“否，我不想使用服务器技术”。静态网站与动态网站的区别不是指网站有没有 GIF、Flash 动画，而是指有没有交互性。“交互性”是指网站根据用户的要求和选择能够动态做出改变及响应，能够自动更新网站，自动生成批量页面，能够根据用户的条件(时间、浏览器类型、用户在站点的使用权限等)，自动生成不同页面。

(3) 单击“下一步”按钮，进入“测试文件”中进行远程服务器的有关设置。在弹出的窗口中选择“在本地进行编辑，然后上传到远程测试服务器”，并在文本框中设置网站在本地网络中的物理存储位置。如果选择的是“使用本地网络直接在远程测试服务器上进行编辑”，那么就应输入该服务器的地址，鉴于安全性，建议初学者不要使用这种方式编辑网站。

(4) 单击“下一步”按钮，在弹出的窗口中在“您如何连接到远程服务器”的下拉列表中选择“无”。

(5) 最后，单击“下一步”按钮完成站点定义，在弹出的对话框中显示站点设置的基本信息。

2. “文件”面板

“文件”面板是 Dreamweaver 最常用也是最主要的面板之一，它集成了站点管理的各种工具。在“文件”面板中单击最右侧的展开/折叠站点图标，展开完整的“文件”面板。

在面板的工具栏上，有如下功能。

1) 连接到远程主机

用于连接到远程站点或断开与远程站点的连接。默认情况下，如果 Dreamweaver 已经空闲 30min 以上，则将断开与远程站点的连接(仅限 FTP)。若要更改时间限制，可通过选择“编辑”菜单列表中的“首选参数”命令来更改。

2) 刷新

用于刷新本地和远程目录列表。可以通过单击该按钮来手动刷新，以显示最新的目录列表来显示更改结果。

3) 获取文件

用于将选定的文件从远处站点复制到本地站点(如果该文件有本地副本，则将其覆盖)。如果已启用“启用存回和取出”，则本地副本为只读，文件仍将留在远程站点上，可供其他小组成员取出。如果已禁用“启用存回和取出”，则文件副本将具有读写权限。

4) 上传文件

将选定的文件从本地站点复制到远程站点。如果所上传的文件在远程站点上尚不存在，并且“启用存回和取出”已打开，则会以“取出”状态将文件添加到远程站点。如果不以取出状态添加文件，则单击“存回文件”按钮。

5) 取出文件

用于将文件的副本从远程服务器传输到本地站点，如果该文件有本地副本，则将其覆盖，并且在服务器上将该文件标记为取出。如果对当前站点禁用了“站点定义”对话框中的“启用存回和取出”，则此选项不可用。

6）存回文件

用于将本地文件的副本传输到远程服务器，并且使该文件可供他人编辑。本地文件变为只读。如果对当前站点禁用了“站点定义”对话框中的“启用存回和取出”，则此选项不可用。

7）同步

可以同步本地和远程文件夹之间的文件。

8）展开以显示本地和远程站点

展开或折叠“文件”面板。

6.3 拓展知识：高转化宝贝详情页设计的原则

高转化宝贝详情页设计需要遵循的 4 个原则

甩手网 2015 年 10 月 28 日

（资料来源：http://www.shuaishou.com/school/infos14716.html）

大家都知道宝贝详情页是影响转化的重要因素，想要利用详情页提高转化，那么详情页的设计就必须符合顾客的需求，所以要学会给店铺的顾客做定位，学会去分析顾客的心理。这比起闭门造车只按照自己的思维去设计效果要好得多。

就算把宝贝详情页设计得再漂亮再有风格，若吸引不了目标人群，产生不了高的转化，也是枉然的。所以想要设计好宝贝详情页，不仅要美观要有风格，更重要的是要符合逻辑符合买家的需求。那么，高转化详情页要遵循哪些原则呢？

原则一：首屏聚焦

很简单，如果买家看到喜欢的宝贝单击进来，首先进入的是宝贝详情页，买家在看详情页之时也会看到店铺的装修，所以店铺的装修也要做好。首屏聚焦原则应用在详情页上，我们去观察别的宝贝的时候，不知大家有没有发现，在详情页的首屏很多都是放入宝贝的海报或者是一些优惠券，加入海报的作用在于提高买家的访问深度，加入优惠券则是有利于促进转化。因此对于宝贝详情页的首屏不管放什么东西都要吸引到你的消费者，并且让消费者很久都不离开你的店铺，那么首屏就算成功了。当然不同的设计师会有不同的想法。

原则二：产品的价值提炼

很多人刚开始做淘宝时都以为低价就会有很多消费者购买产品，其实不然，要知道在淘宝里面没有最低价，只有更低价，甚至有人为了推广亏本去做，想要长久发展，打价格战不是明智之举，大家也都想能够让自己的产品卖出更高价。这就要我们在详情页里面描述清楚，向消费者证明你这个产品是值这个价钱的，这样消费者就不会因为别的产品便宜而去购买别的产品。

那么怎样塑造产品的价值呢？可以从产品的基本点出发，比如产品的材质、款式、产地、服务、卖点等，当然这些都得建立在产品的基础之上，不能过分夸大，不然就会出现源源不断的售后问题。

原则三：附带场景直击痛点

很多宝贝详情页的转化不够好的原因就是出现在这个点上，你的产品是因消费者有什么需要才会迫切购买呢？这个问题很重要。利用好这一点，能让产品在购买力度上翻增几倍。举个例子，比如台灯，为什么别人要买台灯呢？是因为台灯省电吗？是因为台灯好看吗？很多时候都不是，使用台灯的人很多时候都是为了熬夜加班或者学习，为了避免影响到别人睡觉的情况下，才选择使用台灯，这是最符合消费者选择台灯的需要了。凭着这点直击消费者的痛点需要，展开场景描述，这样高转化详情页不就诞生了吗！

原则四：强调卖点

卖点是什么？是宝贝最具有竞争力的一个点。卖点的强化渲染，无疑是高转化详情页必要的手段之一。不同的顾客定位、不同的产品定位也有不同的卖点，比如做低价产品的店铺，很多买家都是冲着便宜来的，那你打出一个全网最低价的口号，转化率肯定会提高，再比如买家是冲着产品的功能来的，你就说产品能够全面解决买家的问题，转化率也会得到提高。所以做卖点一定要直击顾客内心所需。

想要设计高转化的宝贝详情页，那么在做设计时一定要遵循上面的4个原则，剩下的就是一些布局排版的问题，大家在设计宝贝详情页时不妨去细想一下。

第7章 宣传网店店铺

7.1 店铺宣传与推广体系

要做好店铺的全面推广，必须熟悉店铺推广的整体思路，明确每一个推广环节的任务及推广方法。一般的推广过程为：寻找信息接触点——构建店铺推广体系——梳理店铺宣传与推广的总体步骤。

店铺推广中的信息接触点主要是指在店铺推广过程中，卖家所发布的信息能被买家发现或查询到的地方，也就是从事店铺推广、宣传时的信息投放区域。一般而言，目前买卖双方的信息投放点主要包括站内搜索区、论坛空间、搜索引擎、促销活动区、达人区、淘宝页面广告位、友情链接、其他网站或论坛等。

系统了解信息接触点，熟悉每个接触点的信息发布类型、信息特点、推广优势等知识，是做好店铺推广的先决条件。

熟悉店铺推广系统有利于大家对店铺推广中各个环节的整体把握，为了更好地掌握店铺推广，以下紧扣买家购物流程，详细地描述了店铺推广系统及相应的推广方法。

1. 买家看到“我”——进入“我”的店里

外部推广常用手段与技巧：淘宝旺旺、邮件营销、博客系列、论坛、达人空间、友情链接、消费者社区、淘宝直通车、钻石展位、超级卖霸、淘宝客等。

2. 进入“我”的店里——买家逛/挑/比较

店内营销常用手段与技巧：满就送、限时打折、搭配套餐、店铺优惠券、商品美化

设置等。

3. 买家逛/挑/比较——买家下单/成交

买家咨询促销常用手段与技巧：即时通信工具、客服沟通技巧等。

4. 买家下单/成交——买家收货/评价

服务质量＋情感营销常用手段与技巧：淘宝旺旺、其他即时通信工具、优质客服与有效沟通等。

5. 买家收货/评价——买家再来买

增加买家的黏性，情感营销常用手段与技巧：淘宝旺旺、邮件、优质售后服务、店铺优惠券、客户回访等。

店铺宣传与推广主要分为以下 5 个步骤。

第一步：寻找目标买家能够接触到的信息点，分析信息点中信息的特点，确定信息发布类型及发布方式。

第二步：结合客户群体特征，制作并投放让目标客户感兴趣的信息内容。

第三步：合理运用各种营销推广技巧，吸引目标客户的关注，增加店铺总流量。

第四步：综合运用一定的促销手段及沟通技巧，提升客户的购买欲望，将流量变为销量。

第五步：合理采用一定手段与技巧，在开发潜在客户的同时，增加原有客户的黏性，提高原有客户的回头购买率。

7.2 运用淘宝网免费活动资源宣传店铺

淘宝网上具有丰富的免费活动推广资源，每一种活动资源具有不同的推广特点、推广形式及推广效果。如果能够充分利用好各种活动资源或资源组合，将会起到意想不到的店铺宣传及推广效果。

淘宝网上的免费活动推广资源主要包括桃花影视、淘宝天下、VIP 专区、天天特价、论坛、礼物、帮派、画报、免费试用、促销管理、活动报名、优惠日历、淘分享、聚划算、钱庄、淘宝达人等。以下只对其中几种常用活动资源进行说明。

1. VIP 专区

1) VIP 专区概述

VIP 专区也就是 VIP 会员俱乐部，淘宝 VIP 是淘宝最有价值的活跃用户，VIP 会员俱乐部是淘宝网为 VIP 提供以购物为核心的多方位、一站式服务以及尊荣特权；并不断开创更多更好的线上线下消费体验，全心全意服务于 VIP 用户的服务平台，在这里会定期举办针对 VIP 会员的推单品活动。

VIP 用户将享受淘宝网与合作伙伴的多种 VIP 服务。目前已包括购物折扣、特惠专享、旺旺身份等。

2) VIP 商品推广的优势

无论商品是以打折或者优惠价格等出售，成交价格在销售记录中显示原价，对于商家而言有利于获得商品的价格效应。

3) VIP 推广操作流程

(1) 在淘宝页面单击“VIP 专区”，进入 VIP 会员主页面。

(2) 在 VIP 会员主页面下方的商家招募入口。通过“马上申请入住”即可进入 VIP 淘宝招兵买马帮，加入该帮派。

特别提示：所有报名参加 VIP 活动的商品，商家均需要在报名前设置好 VIP 店铺 logo，如果没有设置店铺 logo 的商品，将不能通过审核。

2. 淘宝天下

淘宝天下是一本专业网购指南杂志，属于官方媒体，是一份网购人群自己制作的潮流周刊，是让网购人群互相分享自己的消费方式、生活方式的社区。淘宝天下类似于传统的报刊，在淘宝天下发布产品信息广告如同在传统商业报刊登记商业广告，但是其版面广告位一般需要付费购买。如图 7.1 所示为淘宝天下主页。

图 7.1　淘宝天下主页

7.3　运用店内常规宣传方式宣传店铺

要求掌握常规站内宣传工具的相关知识，掌握各种宣传工具的应用技能和技巧，能合理运用各种店内宣传方式开展店铺宣传工作。

1. 宝贝推荐

1）宝贝推荐概述

宝贝推荐是淘宝网专门为卖家提供的一种基于店铺推荐位的商品信息推荐工具。宝贝推荐不仅能够使商品信息在店铺中间最显眼的位置展现出来，而且可以在每件商品详细页面底部也获得同步展现，同时，还能在阿里旺旺聊天对话框中显示推荐产品的信息。宝贝推荐具有同步的全方位推荐功能，有利于卖家店铺商品获得高度“曝光率”，从而大大提高卖家店铺的流量。

2）使用宝贝推荐的商品选择及设置要求

（1）所推荐的商品必须为店铺中最具有竞争优势的产品，其性价比在店铺的同类商品中也需具有较大的优势。

（2）推荐商品的图片在设置过程中，必须具有高清晰度，整体美观效果好，能足够吸引买家的注意力，对商品的描述要做到详细、全面，描述内容措辞得当。

（3）利用橱窗推荐时，为了使得每次商品能在相对靠前的位置展现，一般尽可能地利用即将下架的商品开展宝贝推荐活动。

3）宝贝推荐的常用推荐方法

目前，淘宝网上的宝贝推荐方法有很多种推荐类型，其中最常用的推荐方法有掌柜推荐宝贝、同类宝贝推荐、橱窗推荐宝贝等。每一种推荐方法都有其独特的优势和各自的缺点，在使用时建议多种推荐方式配合使用，扬长补短，这样将会获得更好的推荐效果。

2. 店铺交流区

1）店铺交流区概述

店铺交流区主要用于卖家和买家进行交流互动，尤其为卖家提供基于留言信息功能的商品优惠信息发布，而为买家提供宝贝购买事项及购买技巧方面的帮助的信息平台。

在店铺交流区里，可以通过交流区中交流信息量的多少直接判断出该店铺的受关注程度，同时，卖家可以通过优质的服务提高交流区的得分率，增加买家的信用度，从而进一步获取更大的店铺流量。

2）店铺交流区的操作流程

（1）单击店铺交流区中的“我要发帖”链接，进入留言交流区的页面。

（2）编辑帖子标题、帖子内容并输入校验码，通过“确认”按钮进行提交即可完成信息发布任务。

（3）在获得别人的回帖后，发帖人可以对别人的回帖内容进行回复、编辑、置顶、精华、锁定、删除等操作。一般而言，为了提高自己店铺的人气，增加店铺的流量，同时提升自己在贴友心目中的地位，进而增加自己店铺的交易概率，建议发帖人注意诚恳地多回复贴友的信息。

3. 友情链接

1）友情链接概述

友情链接是指为了提高店铺的流量，增加客户对店铺的访问率，店铺和其他店铺之间通过店标或店铺名称等为链接载体，所进行的相互链接。

在进行友情链接时，一般要求对方店铺所经营的产品和自己店铺所经营产品具有一定的内在联系关系，但是两者之间没有直接的竞争行为，切记不要在自己店铺中增加过多的或者与店铺毫无任何关系的友情链接，否则不但无法达到预期效果，反而会弄巧成拙。

2）友情链接操作步骤（以淘宝开店为例）

（1）进入“我的淘宝”页面，单击“管理我的店铺”，进入“店铺管理平台”页面。

（2）单击“友情链接”按钮，在所弹出的“友情链接设置”对话框中进行设置。

（3）单击“添加新链接”按钮，在“淘宝会员”文本框中输入对方会员名字后，单击“添加链接”按钮完成友情链接。

（4）在“管理已有链接”栏目中可以查看到所添加成功的链接会员的店铺名称，并且可以对已经添加的友情链接进行删除等管理操作。

4. 阿里旺旺

1）阿里旺旺概述

阿里旺旺是淘宝网和阿里巴巴将原有的淘宝旺旺与阿里巴巴贸易通整合而成的，为商人量身定做的免费网上商务沟通软件，能帮助卖家轻松地寻找客户，发布、管理商业信息，有利于卖家及时把握商机，随时进行生意洽谈。

阿里旺旺分为阿里旺旺（淘宝版）和阿里旺旺（贸易通版）两个版本，这两个版本之间支持用户互通交流。在不需要同时使用与淘宝网站和阿里巴巴中文站相关的功能时，可以不必同时启动淘宝版和贸易通版。

2）阿里旺旺功能设置及使用技巧

（1）旺遍天下

① 功能介绍

将阿里旺旺状态发布在互联网上单击“和我联系”，买方便可随时随地与你联系，买卖宝贝，广交淘友，“旺遍天下”提供了更便捷的淘宝体验。

② “旺遍天下”功能设置及应用

第一步：登录淘宝首页，找到左边的“阿里叿叿”单击进入。

第二步：选择卖家版单击进入。

第三步：单击“旺遍天下”按钮。

第四步：选择在线状态图片风格、填写文字提示信息、生成代码、复制代码。

第五步：完成选择在线图片状态风格、填写文字提示信息、生成代码、复制代码后进入到出售中的宝贝进行编辑，编辑后将复制的代码输入到宝贝描述中的编辑源文件，单击宝贝描述设置中的“编辑源代码”。

第六步：在编辑源文件跳出的宝贝描述框中输入复制过来的代码，确认。

第七步：查看旺遍天下设置成功后在宝贝描述中的效果。

(2) 聊天记录截图

① 聊天记录截图功能作用

聊天记录截图主要用在交易中会员需提供阿里旺旺聊天记录截图给客服作为凭证的，请注意需提供有完整边框的历史记录截图。

② 截图功能操作流程

第一步：进入消息管理器：打开与对方的对话框，单击“查看消息记录”，单击右下角的“更多”，显示消息记录。

第二步：在消息管理器页面通过翻页和拖动滚动条找到想要截图的聊天记录。

第三步：单击旺旺对话框上“屏幕截图”按钮的下拉菜单，选中“截图时隐藏当前窗口”，单击“屏幕截图”图标，切换到截图功能。

第四步：用鼠标选定整个消息管理器(包括完整的边框)，再双击(或者单击右键菜单选定“完成截图”)完成截图，并对所截图片进行保存。

(3) 聊天记录举证功能

① 聊天记录举证功能介绍

适用范围：淘宝上需要使用阿里旺旺聊天记录作为证据的会员。

适用阿里旺旺版本号：从阿里旺旺 2009(6.16)版本开始支持聊天记录举证功能。

特别说明：阿里旺旺举证时间只能为最近 75 天，同时举证号有效期为 15 天。

② 举证号提取方法

步骤一：进入消息管理器，打开与对方的对话框，然后单击“查看消息记录”，再单击右下角的“更多”按钮，显示交易号码。

步骤二：在弹出的消息管理器页面右上角单击“举证”。

步骤三：在弹出的页面选择需要“举证的日期”，单击“提交证据”。

步骤四：在页面上复制跳出的“举证号”即可。

(4) 阿里旺旺头像宣传功能

由于卖家在使用阿里旺旺聊天工具时，阿里旺旺的头像会一直出现在对方聊天窗口中，因此设置一个以店铺标志或商品图片为头像，有利于对店铺或商品的变相宣传，如果能配合好自己的沟通技巧，获得对方的信赖，这样将大大提升自己商品或店铺的品牌知名度和信任度。

一般而言，阿里旺旺的头像图片尺寸大小以120像素×120像素为最佳，通常支持JPG和GIF两种格式文件。具体设置步骤如下。

① 通过图片处理工具设置好一幅商品或店标图片。

② 登录阿里旺旺页面平台，在“菜单”栏目选项中弹出的下拉菜单中选择“个人设置”命令后，在打开的对话框中单击“修改个人头像”按钮。

③ 在弹出的对话框中单击“上传头像”后，通过“浏览”按钮选择制作好的头像图片，单击“确认”按钮即可完成头像的上传编辑任务。

(5) 发布广告功能

广告信息通常可以利用状态信息、商机助理、旺旺群、阿里助理等信息通道进行发布，但是在利用旺旺群进行广告发布时应谨慎，否则将会引起群友的反感，最直观的广告发布通道主要是状态信息。一般默认情况下，状态信息显示“我有空”或者“机器闲置”，不少卖家为了更好地宣传自己的商品或店铺，往往会将状态信息修改为重要促销信息或者主要经营产品信息，其操作如下。

① 在阿里旺旺平台界面，选择“菜单”中“更改我的状态”，单击“设置状态信息”命令，打开“系统设置”对话框。

② 单击“添加”按钮，在对话框中输入欲设置的广告内容，单击“确认”按钮完成设置。

③ 返回“系统设置”页面，单击“确认”按钮后返回到阿里旺旺操作界面，单击“我有空”或者“机器闲置”下拉菜单，在菜单中勾选添加的状态即可完成状态信息的广告设置。

另外，阿里旺旺还有群发功能，视频、语音功能，手机绑定功能，离线发送功能等。

7.4 运用淘宝网付费营销方式宣传店铺

运用淘宝网付费营销来宣传店铺也是一条捷径，可以在相对短的时间内获得专业、便捷的宣传服务。这些付费营销方式包括淘宝直通车促销宣传、钻石展位促销宣传、超级卖霸促销宣传、淘宝客促销宣传等。在此主要介绍淘宝直通车、钻石展位促销方式。

1. 淘宝直通车促销宣传

1）淘宝直通车店铺推广概述

淘宝直通车店铺推广是淘宝直通车单品推广的一种补充形式，在满足卖家同时对多个同类型商品进行推广的同时，进一步满足传递店铺独特品牌形象的需求，特别适合向带有较模糊购买意向的买家，推荐卖家店铺中的多个匹配商品。

比如，买家搜索“皮革箱包”，淘宝直通车就可以根据卖家事先为店铺推广设置好的推广位展现卖家店铺形象，并吸引买家进入到店铺中所有皮革箱包商品的集合页面，为买家展现更多的皮革箱包产品，在为买家扩大商品选购范围的同时，也为卖家店铺带来更多的流量，并提高商品成交概率；淘宝直通车店铺推广还可以推广除单个宝贝的详情页面外的店铺任意页面，如导航页面、分类页面、宝贝集合页面等。

2）淘宝直通车店铺推广原理

淘宝直通车店铺推广原理和淘宝直通车单品推广原理一致。选择需要推广的店铺页面，设置推广关键词和出价，当买家搜索到卖家事先设置好的关键词时，则会快速展现店铺推广信息。

一般而言，一个店铺推广页面最多可以设置 1000 个关键词。每个关键词最低起价为 0.2 元，加价幅度至少为 0.01 元。因此为了提高推广效果，降低推广成本，对店铺推广时要求卖家应掌握关键词设置的相关知识，具备一定的对关键词设置的基本技能。

3）淘宝直通车店铺推广的展现规则

淘宝直通车店铺推广的排序规则跟单品推广关键词的排序规则一样，会由匹配关键词的出价和质量得分，共同来决定店铺推广信息的展现位置。一般来说，关键词的质量得分越高，每次点击的费用就越低，同时，推广信息的展现排名也会随着质量得分的提高而升高。

4）淘宝直通车店铺推广的操作流程

进入淘宝直通车系统后台→单击页面右上角的“我要推广”→选择“推广计划”→点击“推广店铺”→选择店铺页面→编辑推广内容→设置默认出价→设置完成。

第一步：进入淘宝直通车系统后台，单击页面右上角“我要推广”。

第二步：选择“推广计划”。

第三步：单击“推广店铺”。

第四步：选择页面。

第五步：设置推广图片、标题、副标题和推广关键词。

第六步：设置默认出价，完成设置。

5）淘宝直通车店铺推广的店铺页面类型及推广页面的选择

（1）店铺页面类型

淘宝直通车店铺推广可以推广除单个宝贝的详情页面外的店铺任意页面，如导航页面、分类页面、宝贝集合页面等。

（2）推广页面的选择

使用淘宝直通车店铺推广工具对店铺页面进行推广时，对店铺页面的选择可以有以下三种选择方式。

店铺已有的导航页面：推广的页面可以选择店铺中已有的导航页面（只有首页和自定义页面会被同步）。当买家单击店铺推广的展现信息时，页面就会自动跳转到这个设置好的店铺页面上来。

店内宝贝集合页面：淘宝直通车店铺推广工具会根据买家所输入的搜索词，将店铺中符合该搜索词的宝贝标题进行筛选，重新生成店铺中的一个新的宝贝集合页面，向买家进行推广。其中，店内宝贝集合页面中包括关键词、宝贝价格和宝贝分类三个设置栏目。

自定义页面：除单品的详情页面链接外，可以复制粘贴店铺内任意一个店铺内页面链接，进行自定义页面设置。

6）店铺推广标题的合理化设置

店铺推广信息可以同时展现两个标题，即主标题和副标题。主标题建议突出店铺的特点和经营范围，而副标题是主标题的补充，建议突出店铺营销、折扣等信息，譬如满就送、包邮、折扣等。

7）店铺推广图片的合理化设置

所推广的图片不能违反有关国家法律的规定以及淘宝规则，例如涉及侵权、色情等信息。

展现的图片有两种选择：一种是从店铺中的图片空间中选取一个认为适合的图片，尽量可以体现店铺的特点，比如：主营类目、店铺品牌、宝贝主要品牌、店铺促销活动、店铺风格等；另一种是通过单击“我要制作创意图片”，链接到 banner. alimama. com，用以制作推广图片。

在对店铺进行图片设置时，图片中需要包含至少一个单品，并且图片应以正方形的形式进行设置。

2. 钻石展位促销宣传

1）钻石展示概述

钻石展位促销是专为更高推广需求的卖家量身定制的推广工具。在展位选择时，所有展位都是通过对淘宝最优质的展示位置进行精选而来，通过竞价排序，按照展现计费。性价比高，更适合于店铺、品牌的推广。

2）钻石展位的促销效果

（1）低成本获取优质展示位：即使卖家花很少的钱，也可以在淘宝上获得最有价值的展示位进行信息发布。

（2）获得超炫展示：通过钻石展位，使得所展现信息形式更加炫丽，展现位置更大，展现效果更好，从而大大提高信息促销效果。

（3）超优产出：利用钻石展位时，如果信息没有被预期展现，淘宝将不会收取任何展现费用。卖家可以自由组合所需展现信息发布的时间、位置及费用，真正达到最优异的投产比效果。

另外，钻石展位还可以为卖家提供最大弹性的效果提升空间，其中促销活动、推广入口、推广产品等都会成为影响展现效果的直接因素，如果卖家能对以上因素进行合理的搭配，将会产生爆炸式的连锁效果。

3）钻石展位的推广操作流程

进入产品系统→确认服务协议→挑选展位→账户充值→创建计划→创建图片→等待投放。

钻石展位使用补充说明：

（1）产品为在线自助服务，卖家在购买钻石展位示之前必须登入我的淘宝。

（2）卖家在竞价创建之前，必须选择一个展示位。

（3）卖家在创建钻石展位计划之前，必须保证已拥有一个符合尺寸大小的图片或Flash，图片或Flash由卖家自己制作，并且卖家必须保证有对图片或Flash的使用权。

（4）卖家可以自主选择在创建钻石展位计划之前或之后，履行消费账户的充值义务，但必须保证在投放开始的前一天消费账户上有充足的展现费用。

4）钻石展位适合发布的信息内容

钻石展位不仅适合卖家的商品信息，更适合发布店铺促销、店铺活动、店铺品牌的推广信息。卖家可以充分利用钻石展位为自己的店铺带来充裕流量，增加买家对自己店铺的好感和黏度。

5）钻石展位适合的卖家群体

钻石展位适合相对成熟的卖家，首先要求卖家可以制作漂亮的展示图片或Flash，其次要求卖家有对相关促销活动信息的发布意识，可以以最适合的噱头推广最合适的产品。

6）钻石展位的收费标准

钻石展位是按照展示次数进行计费，如果卖家的推广图片不需展示或者没有获得展现时，不会产生任何费用。CPM单价是根据竞拍成交价来计算。比如，卖家支付一块钱竞得一个CPM，就意味着卖家的推广图片将被展现一千次。

7）钻石展位竞价方式

卖家可以对自己喜欢的展示位置的某个时间段的“千人展示成本”的单价进行自由出价，出价高的卖家的推广信息将被优先展示。钻石展位的竞价时间段单位为一小时，也就是说卖家实际上所竞拍的是某个位置某个小时内的发布权。

8）钻石展位中图片处理要求

卖家可以随意创建自己的展示用图，但是展示图片必须审核通过才能使用。卖家需要保证图片内容的合法性，图片链接地址必须是淘宝商品或商铺的链接。一般的审核时间是24小时；卖家在图片内容审核通过后可以修改图片相关信息，但是不允许再次修改图片。如果修改了链接，需要等到次日后展示才会重新生效。并且在每天15点后卖家就不能进行任何信息（包括出价）的修改了，但是可以新增计划。

9）钻石展位的实际费用结算方式

系统会在每天15点后冻结第二天的计划日预算，投放完成后结算余额返回卖家的消费账户。系统根据展现的量进行收费，不显示不收费。收费按低于出价的下一位有效出价加0.1元进行结算。

7.5 宣传店铺的技巧

1. 合理选择付费营销推广方式

目前，淘宝网上付费营销推广方式包括淘宝客、直通车、钻石展位、超级卖霸、硬广投放等。卖家营销推广方式的选择标准比较多。从对卖家营销需求分析角度入手，分析营销方式的合理选择如下。卖家营销需求着眼于PV（流量）及转化率时，卖家的特点通常为新入驻、时间短、经验少、广告成本投入低，为此推广方法选择淘宝客、直通车，以单品销售带动其他产品销售。营销需求着眼于店铺收藏、回头客的，通常是积累了一定经验，预算适中，希望有突破的卖家，对应的推广方法应选择钻石展位、超级卖霸等。对于着眼于品牌的卖家，网络运营团队专业、有品牌战略是其卖家特点，因此推广方法应选择硬广投放较为合适。总的来说，什么样的卖家具有什么样的营销需求，就会选择相应的营销推广方式。如图7.2所示为卖家营销需求分析。

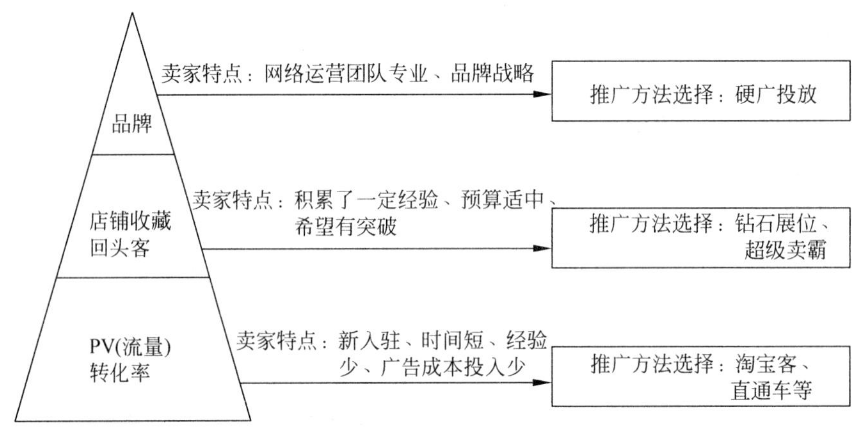

图7.2 卖家营销需求分析

2. 商品三要素推广技巧

1）商品三要素

（1）标题

（2）图片

（3）描述

2）推广技巧

（1）设置好商品标题关键词

① 尽可能设置较多的关键词，充分利用网店提供的关键词空间。

② 科学地设置关键词。

③ 关键词的常规设置方法有以下几种：品牌＋名称＋型号；优惠＋名称＋品牌＋型号；标志＋信用＋品牌＋型号＋名称＋服务；品牌＋名称＋型号＋优势＋服务。

(2) 关键词设置误区

① 宝贝属性不明确,没有从买家角度思考。

② 关键词少,没有充分利用30个字的空间。

③ 没有设置热门关键词,很难被买家发现。

④ 没有名称或品牌,对顾客没有提示作用。

⑤ 不尊重事实滥用关键词,违反淘宝规则。

(3) 充分利用热门关键词

3) 利用图片推广技巧

(1) 全方位多角度的图片展示。

(2) 大小图片有机结合。

4) 写好商品描述

(1) 完整的信息描述,描述不能太简单,也不要让人感到累赘。

买家想看到的信息:看宝贝图片,买卖多少钱,看其他的说明,看怎么购买,看卖家商品怎么样,看谁买了这些东西,买过的人感觉如何。

(2) 通过商品描述,传递更有效的信息。

例如,"我很专业,很值得信赖,很会为您考虑。我还有很多这样的东西,您再挑挑看。买得多您还能享受更多的优惠和折扣。最近还有特别优惠的活动,您不要错过。有很多人买了我的东西,大家都说好。"

7.6 拓展知识:钻展推广策略

快速推动春款,春节钻展推广就该这样

甩手网 2017年1月19日

(资料来源:http://www.shuaishou.com/school/infos20543.html)

年终淡季来袭,每到这时都是卖家最头疼的阶段,店铺数据下滑,付费推广效果也在下滑,那么进入淡季钻展还要不要推广?

我的答案是:yes! 年终淡季是挑战也是机遇,俗话说得好,一年之计在于春,春款上新起不来,那后面一整年都会做得比较艰难。如何抓住淡季竞争薄弱、低价引流为春款上新做好蓄水工作就显得格外重要。除了做好店铺运营,更要利用好付费推广工具，做好店铺引流蓄水，快速推动春款起量。

1. 店铺的基本情况

示例店铺是一家主营自制、棉麻、有自己独特风格的文艺休闲范女装店铺，店铺等级 5 皇冠，同行业中处于中等偏上，店铺基础较好，基础人群也比较多，日均流量在 3.5 万左右，高于同层平均，客单价在 300 元左右，略微低于同层平均值，店铺日销售额 5.5 万元，店铺转化率在 0.45%，低于同层平均值。

钻展作为付费推广最重要的引流方式之一，是推动春款上新必不可少的重要工具，那么钻展究竟该如何来推，才能够更好地对店铺起到提升作用呢？请不要再延续双 11 或双 12 的投放思路继续按部就班了，先别想太复杂，前提是先要做好店铺数据分析，理清思路，明确目的，一步一步循序渐进。

2. 店铺环境——每周上新

前面提到该店铺相比同层转化率偏低。

店铺少有参加官方活动，像是聚划算、淘抢购是很少上的，而是主打每周上新。相比上新频率，每周上新是比较频繁的，适合有一定老客户人群、店铺销量中等或中等偏上、店铺基础相对好一些的店铺。否则，可以根据店铺实际情况来定上新的频率和时间，通过阶段流量数据分析本店铺上新定在每周一。上新信息是很重要的，需要在店铺首页明显的地方显示活动时间。

3. 钻展推广策略

重点来了：钻展主要配合店铺上新，重点抓老客再配合直通车拉新。

1）定向

首先要对店铺新老客户人群进行分析，如图 7.3 所示。

店铺新客占的比例一般会比较高，本店新客占 74%左右，老客看似只占到 25%左右，其实是略高于同行业，但是可以对比老客的转化率明显高出新客，是新客的 6.5 倍，把重点放在老客，自然店铺转化率也会得到提升。

考虑每周上新重点做老客，定向首先当然会以达摩盘定向为主，前提也是要先经过测试，筛选出优质人群后期重点进行投放。重点说明一下，一般来说这种定向的 PPC 会偏高一些甚至翻倍，因为是根据店铺基础人群进行筛选过滤，相对其他的定

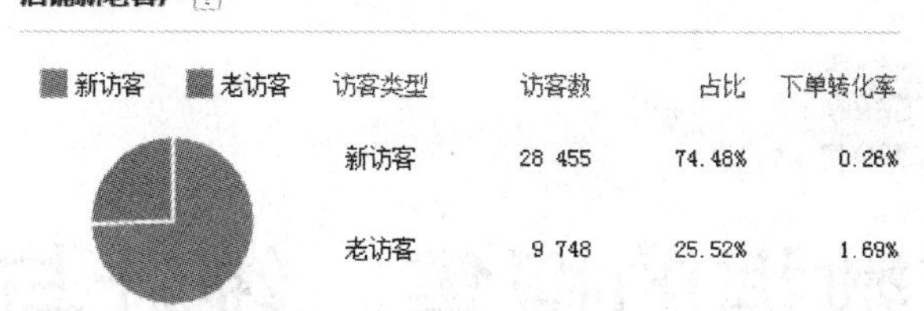

图 7.3 店铺新老客人群分析

向，基数会小一些，所以 PPC 会偏高。但是人群会相对更加精准，数据也会比较高。

2）素材

素材主要是两点：①文案上突出新品上新和上新时间，引导客户入店，配合上新进行投放；②店铺有自己的独特风格而且风格统一，素材需要延续店铺的特点色调和简洁的风格。这也是比较符合店铺长期做老客的要求，与店铺活动主题相呼应。

3）资源位

资源位首选手淘首焦、PC 首焦、右侧 banner、通栏、天猫精选这些流量最优的位置，根据分析店铺数据可以明显得出，无线流量和成交都占较大比重，所以手淘首焦的位置无疑是投放重点。

4）时段、地域

时间和地域上也需要对店铺累计数据进行分析，根据店铺流量需求对时间地域设置有重点地进行投放，实现效益的最大化。

凌晨计划效果也不错，预算高的店铺可以在凌晨时间段单独计划投放。

4. 总结

（1）上新活动预热期和爆发，也要按照正常活动的节奏合理安排好预算分配，有重点性和节奏性进行投放。

（2）定向资源位一定根据日常投放数据合理安排预算，重点投放优质人群，有针对性地进行投放。

（3）想要做好钻展付费推广，定向是重中之重，可以根据各自的店铺情况结合店铺整体运营合理安排。

（4）前期一定要结合钻展引流蓄水，做好铺垫，才能让春款起量变得简单。

第8章 网店数据的搜集、统计与分析

8.1 网站流量统计工具

许多网店或网站经营者都会有这样的问题，就是如何增加店铺流量，如何把点击转化成购买行为。这不是一种盲目的行为，而是有迹可循的。需要通过对访问者的行为分析来得出结论，寻找消费者的心理诉求，了解他们需要什么，喜欢什么。学会使用统计工具，学会分析统计数据，从看似杂乱无章的点击中寻找规律，学会从数据分析中找到经营方法。

目前国内外的网站流量统计工具有很多，例如，在北美最有影响力的 GoStats. cn 就是一个免费的网站流量统计分析服务提供商，据称能为所有的网站、博客、网店、第三方统计等用户平台提供网站流量监控、统计、分析等专业服务。它分为免费版和专业版两种，当然，专业版属于付费服务。尽管 GoStats. cn 在国外颇具影响，但在中国的市场还没能打开。我国目前使用的统计工具有“我要啦”网站流量统计（http://www. 51. la），百度统计（http://tongji. baidu. com），量子恒道统计工具（http://www. linezing. com），PHPStat 网站流量统计工具（http://www. phpstat. net）等。

“我要啦”统计在国内算是最早的统计工具之一，严格意义上来讲，它是一家个人网站，从发布至今一直致力于为个人站长提供免费服务。“我要啦”网站的所有者和发布者阿江早期开发了一套单机版的统计分析程序，而“我要啦”网站正是在这套单机版统计分析程序的基础上发展起来的。由于它操作便利，界面简单，因此受到许多小网站的青睐。但由于系统程序的不稳定、设备有限等因素的影响，间或出现一些小问题，因此不适合大型网站和店铺选择作为统计工具使用。

百度统计作为百度旗下的产品之一，在 2010 年 5 月重装上线。百度统计同样打出免费服务的旗号，与“我要啦”网站相比起来，百度统计借百度搜索平台的强大实力，因而在处理突发问题，以及相关问题的防范上能做得更好。服务器的稳定性更好，百度统计的功能界面应用方便，查询速度快，并且与百度的其他相关产品紧密联系，因此对于与百度有商业关系的网站来讲，百度统计不失为一个好的选择。

8.2 淘宝店铺中其他常见数据统计分析工具

1. 小艾分析

小艾分析的得名来自于一只萨摩耶犬，它安静、忠诚，这也是小艾分析的历年雏形。作为一款专业店铺数据分析系统，它除了跟踪和捕捉用户的访问浏览数据，还能够将访问流量与业务信息相结合。与量子恒道统计相比，小艾分析更为具体，能够对于单个宝贝数据进行流量分析。通过小艾分析能够实现优化网点宝贝类目设置、挖掘买家潜在需求、确定宝贝推广最佳时间。店主对于自己的店铺情况也能够了解得更为细致。

2. 行情参谋

淘宝的行情参谋在使用过程中很多用户颇有争议。行情参谋的作用在于帮助店主查询宝贝在淘宝中的排名情况，以及同行间的价格及销量情况，了解热搜关键字。通过这些数据的搜集来优化设置宝贝名称，优化宝贝点击排行。但在实际使用过程中，行情参谋还存在很多缺陷。例如，在查询宝贝排名时，出现的数据与实际情况不符，以至于数据可靠性不高，来源不明确。

3. 淘宝数据魔方

淘宝数据魔方分为标准版和专业版两种。专业版在标准版的基础上在功能等方面有着进一步的提升。淘宝数据魔方的作用是通过共享海量数据让用户了解市场趋势，辅助营销，帮助开拓和稳固市场，掌握热卖商品，了解访问者行为习惯和买家的购买习惯。卖家可以通过数据魔方及时分析宝贝的热卖情况，设置宝贝标题关键词，提高搜索率。

8.3 小艾分析使用指南

1. 宝贝上架时间校正

小艾分析是一个店铺数据分析工具，如果能够很好地掌握它的使用方法，它能够切实有效地帮助用户提高店铺经营的效果。

购买小艾后，首先应该利用它做的第一个工作就是根据小艾提供的店铺一天流量分布数据来校正自己的宝贝上架时间。因为宝贝上架时间是影响店铺流量的一个重要因素。（切记，如果要进行这项工作，请确定小艾已经输出了完整一天 24 小时的流量数据，并且是周一到周五期间的一天，因为周六周日的买家行为会出现不规律的变化。）

在校正之前，首先要了解淘宝网平均每天买家流量的时段分布。图 8.1 为淘宝网一天买家访问时段分布曲线图。

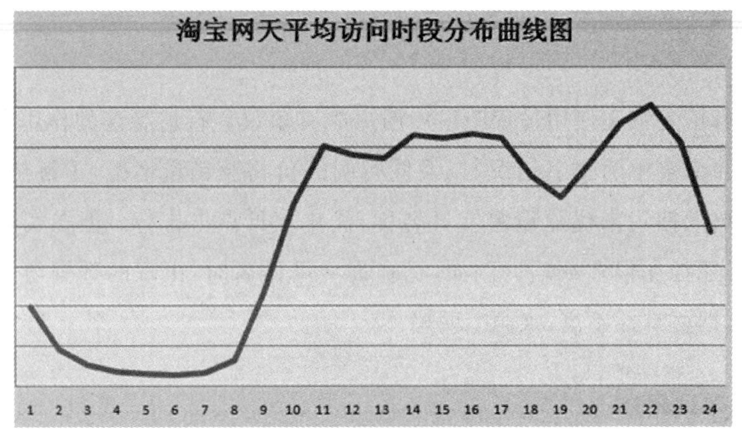

图 8.1 淘宝网一天平均访问时段分布曲线图

我们把图 8.1 的曲线变化趋势作为第一步校正的参考目标，在图 8.1 中可以清楚地看到在淘宝一天买家访问的高峰期时段有几个：10～11 点；14～15 点；15～16 点；20～21 点；21～22 点。

现在开始校正，操作步骤如下。

登录小艾分析后台→单击“流量分析”→单击“访问时段详情”进入昨日访问时段详情页面，如图 8.2 所示。

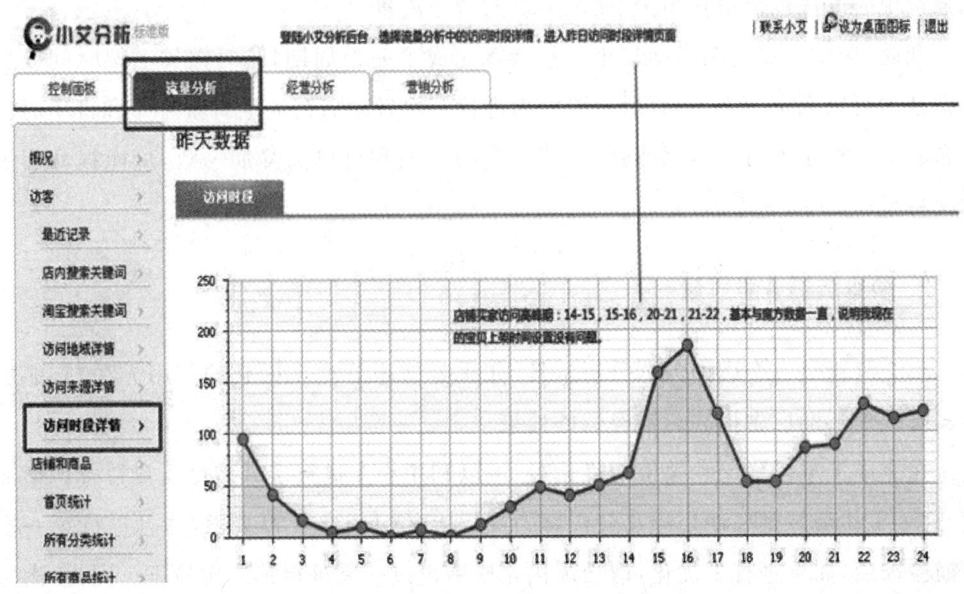

图 8.2　昨日访问时段详情页面

我们将自己的店铺流量时段分布(图 8.2)与淘宝流量时段分布(图 8.1)进行对比。看看店铺流量一天的时段分布趋势变化是否与淘宝平台的一致，如果不一致，说明需要调整宝贝上架时间，从而做到尽量保证两条曲线的变化趋势一致。图 8.2 中流量曲线与淘宝平台的流量曲线变化趋势基本一致，说明店铺中宝贝上架时间设置目前没有问题。

通过校正上架时间可以及时发现自己的宝贝上架时间设置是否正确，从而在上架时间因素方面保证自己能够获得最大的流量。

虽然现在的上架时间被判断为没有问题，但是这并不能证明这个宝贝上架时间设置就是最佳设置。下面看看如何进行第二次校正。

当小艾输出流量数据超过一周(完整一周，包括周一到周日全 7 天)，就可以做宝贝上架时间的第二次校正了。

第二次校正步骤如下：登录小艾分析后台→单击“营销分析”→单击“皇冠时段”进入过去一周订单时段详情页面。

通过对店铺订单时段分布图和店铺流量时段分布图进行对比，如果发现店铺在 14～15 点的流量虽然很高，但是却带不来订单，则应该重新设置宝贝上架时间。要保证在最能产生订单的时间段去获得更高的流量，因此把 14～15 点这个宝贝上架时间放弃了，并且把在这个时间段发布的宝贝，改在能产生订单的时间段进行上架，进一步加强订单时间段的流量竞争力，获取更多的黄金流量。

到此，店铺宝贝上架时间校正工作就算完成了一个周期，这时宝贝上架时间设置方案基本可以固定下来了，以后只要每周进行一次针对店铺流量时段分布和订单时段分布的对比校正即可，这样始终能保证流量高峰期和订单高峰期一致，从而提升店铺的交易量。

2. 检查店铺装修质量

小艾分析是一个店铺数据分析工具，如果能够很好地掌握它的使用方法，它能够切实有效地帮助店主提高店铺经营的效果。

在完成了流量优化和关键词优化后，可以利用小艾进行店铺装修质量检查。请注意，这个工作最好是在使用小艾分析满一周以上的时间之后再去做，并且进行第一次店铺检查后，如果进行了优化，请在优化完毕后再过一周进行第二次检查。因为，淘宝的买家行为明显有周期性规律。如果每天做一次，并不能准确地说明店铺装修的实际效果。

在这里强调一下这个工作的重要性，一个店铺，如果装修效果不好的话，不管价格再好，宝贝再丰富，客服再专业也没有用，等待的结果仍然是生意惨淡。

店铺装修质量检查步骤如下。

登录小艾后台→单击“流量分析”→选择“店铺和商品”，进入详情页面，如图 8.3 所示。进入后直接单击查看“所有商品统计”获得访客点击商品的数量，并且算出占所有上架商品的比例。

通过计算分析，如果算出来的比例低于 30%，那说明现在的装修完全失败了，店主需要重新装修，比较好的装修一般可以让有点击的宝贝占比达到 70%以上。

强调一下，检验店铺装修质量的最重要标准，就是获得买家点击的商品数。

应重视检查“首页统计”，因为首页是向用户展示促销活动的主要阵地，也是向客户展示卖家形象的重点区域。通过首页，不但可以吸引更多买家收藏店铺，也可以起到导引客户去查看店铺中更多商品的作用。如果首页表现很差，会直接影响店铺获得点击的商品数量。如果发现首页访客数占总访客数低于 5%时，说明该店铺的首页设计有问题，尤其是在宝贝详情页上的首页关联入口设置上，应该再优化一下，来引导客户到达首页。

单击小艾分析的“所有分类统计”，查看其中店铺分类获得买家点击的情况。这里先说明，如果发现单击分类导航的访客占总访客的数量低于 5%时，那目录设置装修

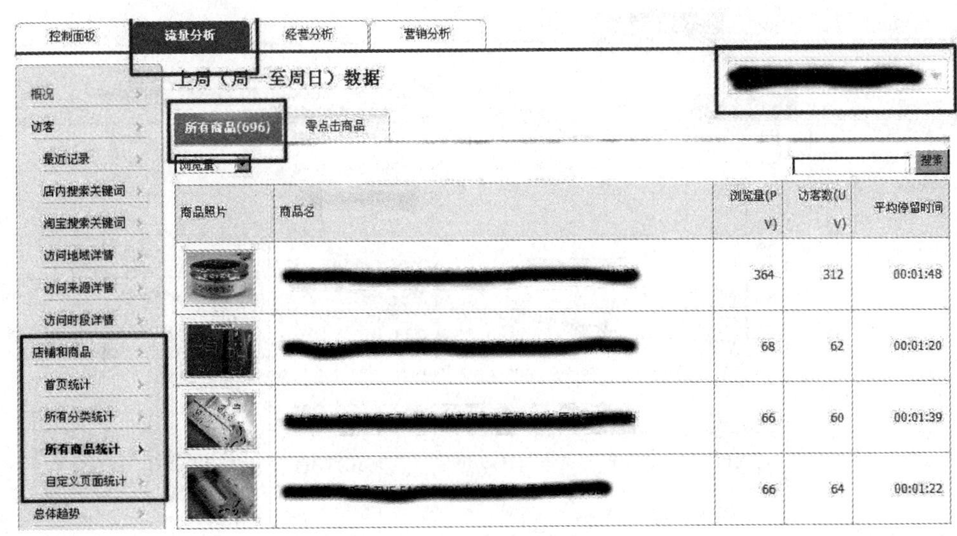

图 8.3 流量分析页面

就是彻底失败的，因为目录导航是帮助买家在店铺中找到他需要的商品的最重要渠道，也是更多商品获得买家点击的最重要渠道之一。另外，如果自定义页面的访客占比达不到5%，那促销活动的装修设计也失败了，需要进行优化。

由此可见，在小艾分析帮助下进行店铺装修检查，可促使店铺优化，店铺获得更好的变现，让店铺里更多的商品被买家找到并点击，从而提升店铺销售量。

3. 分析指导广告投放

店铺经过上述调整设计后，已经可以获得最多的高质量订单流量了，店主得到了一个流量表现相对较好的店铺装修，这时店主会开始想要获得更多的流量和更多的订单，于是我们开始使用小艾开始它的下一步工作。

我们决定利用小艾分析来帮助店主制定广告投放策略，店主想要通过投放广告，进一步带来更多的订单。怎样操作呢？

首先，需要判断店铺现在是不是已经具备了投放广告的基本能力，也就是看看店铺现在的访客订单转化率的情况。下面是具体操作步骤，登录小艾分析后，单击“经营分析”，查看概况，如图 8.4 所示。

在“经营分析”的概况中，可以看到店铺的订单转化率为 6.35%，也就是说 100 个访客访问他的店铺，会有其中约 6 个人会向他下单。假设他平均销售 100 元能得到 15 元的毛利，如果他投直通车，每个点击需要 0.5 元的话，100 个点击就是 50 元，他大

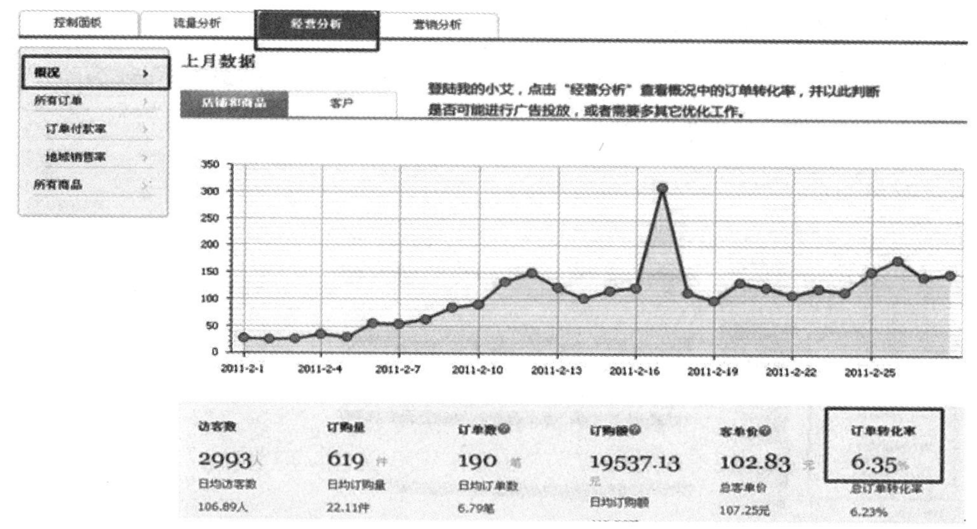

图 8.4 经营分析图

概能得到6.35单，能赚毛利 95.25 元。除去广告费，他还能赚到 45.25 元。这时，店主判断自己的店铺已经具备可以投放直通车的能力了。

切记，如果访客订单转化率低于 3%，建议不要去投广告，而是应该先优化宝贝详情页的装修。因为除了价格因素和评价因素，宝贝详情页的购买说服力是影响买家购买的最大决定因素，如果发现自己的转化率不高，除了可以设置价格优惠外，最应该做的是优化宝贝详细描述。

重点是优化宝贝详情图片和文字描述，这里分享下，为什么客户和商家在旺旺聊天时，商家能有把握让买家下单呢？是因为商家将自己对于店铺内的商品进行了充分理解并且结合买家交流中发现的买家关注点做出了针对性的说辞，从而说服了他。在进行宝贝详情描述时也一样，要通过图片和文字来把这种对商品、对买家关注的理解贯注进去。从 6.35% 的转化率数字得出，店主可以去做广告投放了，起码直通车投放是可以的。

接下来，店主开始利用小艾分析制定广告投放策略，从而实现广告投放盈利。

直通车是淘宝最有效的广告投放渠道之一，直通车投放，最重要的是投放关键词的确定。进入店主的小艾，单击“钻石关键词”，查看给他带来订单的关键词都有哪些。这里列出来的都是通过搜索关键词找到店主的宝贝，并且最终实现下单的关键词，是真正属于他自己的订单关键词。投放这些关键词最能给他带来订单。

店主选好了要投放的词后，依据这些词，可以延伸出很多的投放词。但是光有词还是不够的，毕竟广告花钱如流水，需要精打细算，还需要确认直通车广告什么时间上，在哪些地区投放。接着在“营销分析”中选择“白金区域”，查看哪些地域的买家最愿意买他的商品，买家访客订单转化率最高，店主应该把投放重点安排在这些区域。然后再查看“皇冠时段”，寻找出产生订单最密集的时间段去进行投放。

经过上述过程，店主找到了最能帮他抢单的词，最愿意下单的买家所在区域，最好的买家购买时间。根据上述分析去投放，相信店主会花最少的钱，抢到最多的订单。

以上主要针对直通车，但是淘宝上还有很多广告可以投放，小艾也可以帮助店主制定其他类型广告投放的赚钱策略。

我们再以淘宝客为例，在淘宝客投放的多是单个商品，所以要把店铺里最能抢单的商品找出来。千万不要以为现在卖的最多的商品就一定是最能抢单的，不一定！还要看商品的订单转化率。

请登录小艾，单击“经营分析”，查看“所有商品”，找出订单转化率最高的商品。只要能给它更多的流量，它就能比其他商品产生更多的订单。

8.4 拓展知识：淘宝自然搜索变化趋势猜想

2017 年淘宝自然搜索变化趋势的 8 大猜想

甩手网 2016 年 12 月 30 日

（资料来源：http://www.shuaishou.com/school/infos20370.html）

时间越来越快了，一年接一年就过完了，淘宝的规则也是变幻莫测，一年一个样子，那么对于 2017 年淘宝自然搜索如何变化我们做出了 8 大猜想，供读者参考。

第一猜想：淘宝将会进一步将免费的流量“变现”

这条变化主要体现在自然搜索流量上，不管是以直通车的形式也好，还是其他的形式也好，免费自然搜索流量将会越来越少。你也要理解马云，人家布局了那么多年，最终的目的肯定是要赚钱的。当然，不会一下子（也不可能）大幅度减少，就一个位置一个位置地来呗，反正在保证用户的购物体验的前提下，能多赚点儿广告费，何乐而不为，至于卖家爽不爽，淘宝现在并不是特别担心，有大批的人等着给钱买流量。

这条变化首先肯定会在大的类目上明显变化，比如服饰、鞋子、母婴用品等，免费的自然搜索流量机会被进一步蚕食。

第二猜想：手机端的转化率权重会被进一步提高

这个猜想基于两点，首先是个性化推荐技术会越来越成熟，也会越来越完善，而在将来(也许不远的将来)，至少购物、娱乐等非工作互联网行为，PC端真的有可能会被淘汰掉。那么手机端实际上给个性化推荐技术提供了很重要的数据基础。每个人的手机是很隐私的一个东西，你在手机上做的很多事情都是基于自己原本的属性标签的。

换句话来说，如果你是个屌丝，每天你浏览的新闻都会是一些八卦、娱乐、情色花边，然后看那种不切实际的玄幻小说，玩一些无聊的天天爱消除一类的游戏；

如果你是一个孩子妈，你关注的更多的是一些育儿的公众号，下载了一些相关的APP，可能没空看小说；

如果你是一个成功人士呢？可能会更关注经济新闻、国内外大事……

总之大家是不一样的。然后这些数据就会被收集起来，然后你就会被分析，然后你就有了一些专属的标签：成功人士、运动爱好者、有爱心的人、变态……

根据这些标签属性，再给你推荐相应的商品，转化率肯定会提高。

另外一方面，为了良好的购物体验，一个有明确标签的店铺将会得到更多的青睐，也就是说你能吸引的是一个特定的人群，而不是谁都能搞定。特定的人群、明确的标签，这些都意味着需求的精准性，需求的精准性自然要高的转化率。

在以前，由于技术的问题，手机端的流量并没有达到精准的地步，转化率也不高。但是在2017年，在无线端，转化率做得好的店铺，自然搜索权重将会得到明显的提升。

第三猜想：淘宝客带来的销量权重将会有较大幅度的下降

不知道大家有没有发现，你不时地就会被“邀请”进一些所谓的白菜群，有QQ群、有微信群。这个东西在2016年的时候尤其火，超低价格买东西。组织这个的人靠什么赚钱呢？一个是淘宝客的佣金，还有一个是收卖家的服务费。

如果产品有足够的竞争力，确实能积累一定的销量。但是大家注意，这种销量的积累本来给自然搜索加权就不是很高，在2017年的时候，这种加权会进一步减少。

但是我这里留一个口子：这种淘宝客带来的销量应该可以分成两种，一种就是在这些白菜群里面群发的，这样带来的销量权重很低。但是如果你是做内容营销，比如微博，然后也是淘宝客进来的流量，这种销量权重很有可能还会提升。

至于淘宝怎么去判断是微博来的，还是白菜群来的，这种技术问题，根本不需要你担心。

第四猜想：你的流量进店口将会进一步分散

这个大前提是：淘宝的流量入口都在进一步分散，以后大家买东西的渠道入口会越来越分散。我可能是在朋友圈看到了一个东西想买的，可能是看了一篇文章想买的，可能是看一个美女直播展示的一个东西想买的，可能是看了一篇新闻想买的，可能是在看一个电视节目的时候想买的。

举个简单的例子，就说天天特价，现在还有很多人在说什么“天天特价百分之百通过的技巧”，得了吧！亲，即使你通过了能怎样？对于很多中小卖家来说，难道没有发现其实并没有多少流量，并没有卖了多少吗？是喜欢特价的人少了吗？当然不是，只不过有了其他的渠道入口也可以买到很便宜的东西。

第五猜想：淘口令、二维码在某些特定场景下可能会带来很不错的搜索加权

我为什么要加一个“在某些特定场景下”？因为如果不说这句话，很多人一定又会理解成：* 淘口令、* 二维码。

淘口令、二维码的一个分享，主要体现在内容和社交这两个电商关键词上。内容电商和社交电商被提了很多，但是总归要有一个变现的入口。而这个入口，至少目前对于淘宝来讲，最好实现的还是“淘口令”和“二维码”。

举个简单的例子，你如果能上一档电视购物，然后一边介绍，一边把购买二维码放在电视屏幕的右下角(或者左下角)，通过这种渠道进来购买的，也许会有不错的加权效果(已经有店铺在这么做了)。

其实你想想：这不就是把静态的详情页变成活的了吗？

第六猜想：个性化让你可钻的漏洞越来越少

马云说过：淘宝搜索的终极目标就是所有的淘宝卖家不再需要进行搜索优化。也就是说，真正进入到所谓的产品和服务决定一切的时代。

而想达成这个目标，个性化推荐技术就是一大利器。

换句话来说，你的产品和服务，已经决定了你的店铺标签和店铺定位，而你的店铺标签和店铺定位将会决定有多少自然搜索流量匹配进来。

第七猜想：刷单的处罚会更加严格

这个不用多说了吧，这是可以预料到的，2016 年年底的“法律定性”让刷单这个行为虽然依然会存在，但是也会更加地讲究技术含量。传统的刷单行为风险越来越高，一旦被抓到，处罚也会越来越严格。但是你要注意，这种严格可能在表面上给你的处罚还是一样的，比如，让你清洗，比如删除、扣分一类的。

但是，更多的降权和处罚将会隐形体现，最明显的表现就是去影响你的店铺综合权重，店铺的综合权重越低，你的综合质量得分就越低，你报活动越难，你的自然搜索排名会越来越低，你的新品会越来越难做起来。

第八猜想：电商社交化的特征在自然搜索中将会得到越来越多的展现

说实话，这真的是猜想了，因为我实在不知道应该如何去描述这个趋势。马云在社交这个领域一直在不断碰壁，但是碰壁不代表放弃。

不管怎么样，自然搜索流量对于中小卖家来说还是很关键的，不管怎么变，这个流量也会有！淘宝还需要优化，只不过方法不一样而已。

第9章 网店经营风险管理

9.1 基本概念

现如今做什么事情都存在风险。开网店也是一样，不管是做实体销售的网店还是做虚拟销售的网店，我们都无法彻底规避风险。既然无法逃避风险，那么网店卖家就应该正确对待风险，规避风险，把未知的风险降到最低。下面看看网店经营风险管理相关的两个概念。

网店经营风险是指由于内外环境的不确定性、经营活动的复杂性和网店能力的有限性而导致实际收益达不到预期收益，甚至导致网店经营活动失败。

网店经营风险管理又称危机管理，是指如何在一个肯定有风险的环境里把风险减至最低的管理过程。就像当你的经营遇到危险的时候，如何采用一些公关的手段去扭转这个趋势，把损失减到最低，甚至于反亏为盈。把本来不好的一个阀转变为宣传的一个契机，取得一个更好的战斗成绩所经历的过程。

卖家们网店经营风险管理是为了什么？很多卖家会觉得是为了降低风险，减少损失。其实不然，网店经营风险管理是为了挣更多的钱。网店每天所做的多数事情，都是为了赚取更多的利润。实际上我们从一个事态发展来看，挣钱实际上只是事情发展的一个结果，为了这个结果在这个过程当中我们会去做很多的事情，在过程当中我们会遇到各种各样的情况和各种各样的人，在这个过程中你是否处理得好？是否达到这个结果？结果都是不一样的。如果我们经营的过程当中对于店铺、客户及可能发生的情况进行妥善的管理，能够去把我们的风险减到最低，最后所花的成本以及得到的利润去和那些不去考虑这些的卖家比较效果肯定要好很多。

9.2 网店经营风险管理

下面就来谈谈网店经营风险管理，从三个方面对此做出一些分析以及给出一些小小的建议，希望有助于网店经营风险管理。

第一，首先要做到独具慧眼，能识别风险(考虑店铺存在的风险在哪里)，比如客户的满意度，每天那么多的买家都是百分之百满意吗？物流风险方面，是否延迟、破损、丢失，货源风险方面，供货商是否稳定？库存风险，仓库积压了多少宝贝？客服方面，客服辞职之后该怎么办呢？风险的识别是风险管理的首要环节，只有在了解各种风险的基础上，才能预测其可能造成的危害，从而选择处理风险的有效手段。

而在识别风险的过程中同样要注意几点细节：首先是评价，要多去关注评价。邀请忠实的老顾客给我们一个反馈，告诉我们他的使用感受；出现中差评后，就要及时处理及时调整，因客观原因不能及时发货时要在店铺内说明或给客户说明，提前给客户一个解释。

第二，需要对店铺内存在的风险进行评估。在此简单推荐两种风险评估的方法：预测风险的概率，预测风险的强度。而个人认为网店经营中频率较高的风险是物流风险和信用风险，网店经营中强度较大的风险是产品积压、信用风险、资金风险这几点。

第三，面对风险该如何处理。要多培养风险识别和评估能力，建立风险的预警机制，比如有家化妆品店铺在奥运会期间，化妆品不能走航空与铁路运输，就在店铺公告里注明只能发快递班车。减少风险的概率、实现风险的及早发现、提高风险的处理水平，每一环的处理结果都可能影响到成本。

下面提出几点非常值得注意的，也是在网店经营风险管理中发挥着重要作用的操作方法，如店铺内详尽的宝贝描述，把一些细节问题写在宝贝描述里面，商品本身的品质(质量、真伪)、规格(容量、尺码、体积)、其他方面(使用方法、使用效果)都必须诚实地写清楚，商品附加方面应注意折扣信息、联系方式，售后服务要准确、清晰、到位。多对自己的宝贝制作客观的宝贝图片(图片的客观细节也要跟买家说清楚)。发货前要做好准备工作(一定要在发货前检查一下商品)。在物流风险方面选择好的物流，防范货源风险就应注意供应商要稳定。

管理好网店，规避不可预测和可以预测的风险，给自己的店铺带来更多的利润，是学习网店经验风险管理的最终目的。

1. 选择比努力重要

如果以前我们说，除运气外，高效率和勤奋就是最佳的武器。现在我们只想说，选择比努力更重要。定位选款是第一步。

2. 品牌非一日之功

我们一直强调：集市卖家不要一开始就疯狂追自己的品牌，一开始就想打造商品品牌！品牌非一日之功，而是天时地利人和的综合结果，现阶段你需要去强调品质，通过有品质的商品去传播你的店铺，积累你的客户，然后再让忠实客户、回头客为你的品牌买单。

3. 好主图的标准

①不在于自己主图是什么，关键是对手主图是什么。②自己的主图能不能在同行中凸显自己的宝贝。

4. 创业反思

①创业者身上的基因是别人学不来的，一次次失败还是要一次次崛起。②一个好汉三个帮，创业失败大多数不是项目不好，而是人没到位。③公司遇到问题，怎么走都是对的，吵架就死了。④很难有草根第一次创业就成功的故事了。

5. 标题优化 9 大点

① 写满 30 个关键字；②定期优化更新关键字；③不使用特殊符号；④关键词不重复；⑤关注淘宝规则，避免被处罚；⑥切忌关键词过分堆砌；⑦不要滥用品牌词与敏感词；⑧标题中斜杠等同于空格，合理使用空格；⑨更有效的关键词组合。通过精简标题达到凸现自己的宝贝。

6. 标题编写公式

标题＝商品价值关键词＋商品商业关键词＋商品属性关键词。①属性关键词：商品分类、名称、型号、功能、特性的关键词。②商业关键词：经营手段或者促销行为的词语，如包邮等。③价值关键词：商品给买家带来的价值，关键是提炼价值让这个价值超越产品功能本身。

7. 宝贝黄金上架布局注意事项

①延后原则，即在宝贝上架黄金时间选择时稍稍延后上架时间；②在刷新时不必纠结于每分每秒；③竞争透视参考即可，因为竞争对手总是无可避免的；④天猫店在所有宝贝综合排名中也受上下架影响；⑤天猫店在天猫排名中不受上下架影响；⑥数据魔方与生 e 经数据意义不同。

8. 合理安排宝贝上下架的三种策略

①平均分配，打散原则(适用于宝贝较多的状况)。②流量高峰，平均布局(针对主推产品)。③分析数据，最佳卡位(适用于刚上架或者销量一般的宝贝)。工具：数据魔方或生 e 经，避免最激烈的下架时间段，选择最适合宝贝切入的时间段，从而在下架的时候获取免费流量。

9. 橱窗推荐小技巧

C 店信誉级别不同，给予的橱窗推荐位不同。宝贝数量大于推荐位，需要合理安排。首先将销量好的宝贝放于推荐位上并保持永久性；其他的宝贝可使用第三方软件将快下架的宝贝轮播上橱窗推荐位。注意：请固定使用一种软件，不要随意更换以及手动设置。另争取金牌卖家享有更多橱窗推荐。

10. 宝贝标题的写法

①标题选取的关键词一定要适合当前宝贝权重，才会有更高曝光率。②所选标题请多维度参考各项数据，包括搜索量、转化率、成交笔数等指标。③最重要的关键词放最后，权重最高。④请保留好原标题，一旦发现新标题流量不对劲，可以先恢复原标题。

11. 标题该如何优化以提升免费流量

①下载对应类目的淘词表(最近 7 天)，去掉与宝贝不相关的关键词。标题关键词优化以人气排序为基准，人气和默认排名都要抓住。关键词排名根据人气排名为基

准，相对比较稳定。默认排名是轮播排名，下架时间影响权重比较大。②合适的宝贝关键词才是最好的关键词。

12. 找出最佳上架时间

①大盘分析整体流量高峰时段。数据魔方，查看路径：行业分析→买家信息分析。②店铺分析自身流量高峰时段。生意参谋，查看路径：流量分析→按小时流量分析。多做几周数据比较，通过表格筛选过滤数据后，可以得出店铺几点到几点访问的人多，新品上架、推广、活动可以结合使用。

13. 店铺流量来源构成

①新时期：免费流量比较少，主要以付费流量为主，建议调整下架时间，优化宝贝标题。②成长期：前期付费流量占比多，免费流量少，后期爆款起来后免费流量占比明显提升。③成熟期：自主访问占比高，主要受品牌知名度影响。

14. 现在店铺普遍存在问题的原因

①大而全与小而美（定位模糊，产品线过广，利润微薄）。②产品没特色。③盲目报活动，忽略内容修炼。出路：塑造符合老客户身份的店铺（留住老客户，塑造品牌认知）。

15. 没有轻松的活儿，只有肯钻研的牛

①线上就是一个渠道，没有什么适合不适合，所有的品类都会被纳入进来，越早越好；②没有轻松的活儿，只有肯钻研的牛。

16. 网店装修中如何运用色彩

在色盘之中，45°内是邻近色，120°是对比色，180°是互补色。根据个人喜好、主营产品、logo或VI、季节、活动、客户感知等来设计主色，主色调确定后，用明度、邻近、同类色来协调，对比色用来强调重点。logo颜色和导航颜色以及产品分类的颜色要协调。

17. 如何处理售后问题

如何处理售后问题？在此建议①多通话，少打字。②做卖家本来就是做服务的，忍不了气就做不了这个事，所以退一步海阔天空，说不定换来一个客户。③来闹的人分为几种：无知善良的、无知邪恶的、又内行又邪恶的，应对策略各不相同。

18. 注重单品，合理分配

①老干妈一年销售额达25亿元；②谭木匠做好一把梳子也能上市，目前市值10.8亿港币；③香飘飘做一杯奶茶，一年卖到24亿元；④张小泉就做刀，一年也做数亿元的全球市场……

19. 运营的玩法

收入是永恒的王道。要读懂会员数据，优化供应链，达到前向指标——自然增长与运营增长。以店铺运营为主题，核心在销，以客户运营主题为主，核心在人。总而言之，最终目的都是为了收入，为了店铺有一个更好的发展，把握数据，准确定位，良性互动。

20. 淘宝的变化

很多卖家的问题在于，说大势不懂，说小事不落地，没有钻研精神，老是想着钻空子，急于求成，找小二上活动……淘宝不是越来越难做，是要求越来越高，思路不清晰执行力又不强者肯定会被淘汰。

21. 运营承诺≠老板做到

现在很多运营人员去和平台小二谈得好但达不到目的的原因在于，小二不相信运营人员给的销售承诺，因为运营不能代表老板，怕这个资源或权利给出去以后，产出不符合预期。平台不怕你没有产出，因为流量分配权在他的手中，就怕给你给亏了，换一家产出更理想。运营承诺的和老板能给到的不一样。

22. 位置大于产品

大公司病就是内耗严重，行政指令大于市场指令。同一个产品或项目，几个团队同时在做，加班加点，最后采用的不一定是做得最好的，再比如页面展现出的各个模块，不是因为哪个模块更重要，产品销量高是因为位置，而并非产品本身。

23. 刷单只会不断升级，不会断绝

刷单是刚性需求，商业存在一天，刷单就不会断绝。

24. 一千个人心里有一千个淘宝

一千个人心里有一千个淘宝。对消费者来说，他们对淘宝个性化的需求不仅是商品，还有优质的内容和契合的推荐。店铺可以通过达人效应和微淘，展示自己店铺的产品，通过提供优质内容实现变现，通过粉丝经济实现变现。这样的模式能够和平台上的一系列的人形成信任关系，这是符合我们生活中的消费习惯的。

25. 淘抢购报名注意事项

①一个商家在5天内只能报名一天活动，一天活动最多报名两款商品。②同商家的同款商品15天内只能报名一个场次的活动。③不同商家的同款商品一天内只能出现一款，取抢购报名价格较低者，若商品所有信息都一致，则取报名时间靠前的商品。④秒杀拖带的商品，需要选择与秒杀不同的款，排期在同天的不同场次中，不可使用同款不同型号的商品。若秒杀商品因卖家设置原因未能上线，秒杀拖带商品也一并不予上线。若秒杀拖带商品因不符合淘抢购招商规则未能上线，秒杀商品仍需正常上线售卖。

26. 淘抢购审核不通过的9大原因

①款式不适合抢购平台定位。②价格缺乏优势，均价50元。③非应季品类。④无线成交占比、无线成交金额、DSR评分等综合因素偏弱。⑤报名无效场次（每周五中午前会审核完下一个自然周的周一到周日的所有场次）。⑥重复款式（同款商品是同条件下审核优先级最低的）。⑦图片问题（白底图、清晰、无文字、无牛皮癣）。⑧抢购标题不规范。⑨报名货值不足。

27. 换汤不换药

最近卖家群体里很流行一种变相刷单：前 ** 名免费送，一种就是直接在宝贝详情页面上写，这样很可能被系统误判刷单而降权，这种活动建议卖家暂停。另一种就是在微信群传播，告诉买家如何通过店铺号找到店铺，停留一分钟，聊天下单购买，然后微信全额返现。这种也有风险，如被同行举报，都不是什么好办法。刷单要技术性刷单。

28. 一品牌，一印记

有个视觉服务商的朋友提出“一品牌，一印记”，这是非常好的。碎片化的当下，你的品牌印记是什么？消费者记住你的点是什么？你的店铺标签是什么？你的目标消费群体的共性特征是什么？在这个用户复购之争的时代，你的核心竞争力是什么？淘品牌电商到底怎么做才是有未来的？答案只有一个：你自己的标签。

29. 这一次与以往不同

每轮洗牌一定是先把那些扰乱市场的给踢出去。堆出基础销量有太多种方法，刷，是最笨最懒也是最快速、风险最大、低级而愚蠢的办法。

30. 不要心怀侥幸

①总怀着侥幸心理做生意，是做不长久的。②时间确实是挤挤总是有的，但人的精力是有限的，一处用多了另一处就少了，不要把时间浪费在无谓的事情上，问自己一句，你获得真实用户了吗？你赚到钱了吗？

31. 好的产品是成功的一半

电子商务产业的发展需要质量。有品牌背书，品牌越强势越会被各大电商平台争抢，不用愁；没有品牌但有品质的商品也会迎来一轮春天，因为线上销售需要百花齐放，呼唤高性价比；但是无节操的低价，没有定位，没有风格，没有质量保证注定会被淘汰。电子是渠道,产品是根本,选好商品也就成功了一半。

32. 限时打折工具使用注意事项

①折扣力度不宜过大：最好不低于5折,否则易导致买家信任感降低,影响宝贝权重。②切勿频繁修改折扣力度。③不要无限制时间折扣不变。④全店不要同一折扣。⑤高低折扣产品可搭配销售(提高客单价)。筛选条件：折扣促销选项,提高曝光率。⑥限购设置：每人限购件数,减少亏损。

33. 搭配套餐的4种玩法

①同类、相似宝贝抓住买家最初购买意向。②不同类宝贝抓住买家关联意向。站在买家立场,设想购买该产品后可能会使用到的产品。③互补型宝贝做好合理搭配。④价格型搭配让买家看到真正实惠。另外,在利润不亏损的情况下最大限度让利(适合推广新品)。

34. 如何通过软件测款

①生E经(淘宝官方智能行业分析软件)的优势：能看近几年的爆款,近两年热销宝贝Top10(如女装流行期一般为两三年),选择类爆款推。②生意参谋的优势：看目前Top店铺和销量高的宝贝,行业店铺流量Top5、行业商品交易Top5、行业热门搜索词Top10,根据宝贝交易指数及涨幅变化选款。

35. 无线端黄金排版逻辑

以服饰类为例,精髓：字体大,文字精。不要超过10屏。①海报一屏；②痛点文案+营销人群定位一屏；③数据说明一屏；④核心卖点一屏；⑤产品参数+尺码；⑥模特图两屏绰绰有余；⑦平铺一屏；⑧细节两屏。

36. 不是一个人在战斗

①一个人永远不要靠自己一个人花100%的力量,而要靠100个人花每个人的力

量。②在一个企业，最高领导人的最主要职责在于创造一种让有创作才华的人有用武之地的气氛。③没有得力团队、助手，孤胆英雄是没有市场的。当然，团队、左右手如果是窝囊废，那就更可怕。

37. 踏实做企业

现实中，很多扩张很快的企业活得很好，很多循序渐进的企业也活得很好。我们佩服"唯快不破"之人，但也应承认不是谁都可以"乘风破浪"，而踏踏实实做企业也是更多人能够实现超脱的唯一法门。

38. 最佳成长速度

几乎所有自然系统，从生态系统到动物再到人类组织，都有天然固有的最佳成长速度。最佳成长速度，比可能的最快成长速度要慢许多。虽然这个过程可能会给组织的短期生存带来风险，但是是最保险的。很多时候，唯快不破短期制胜，但是不能走得太远。刷单要把握好度，要会刷。

39. 店铺三大目标

计划性、确定性和规模化，这是聚划算的三大目标，也是每个店铺应当具备的三大目标，确定定位风格，做好五年计划、三年计划、一年计划、春夏计划、大促计划、宝贝计划、7 天计划，不打无准备之战，唯有规模化才能做大，销量规模化，用户规模化。

40. 先长个，再长胖

①先长个，再长胖，要考虑长远发展。②做电商最重要的是有自己的思路，不要跟在别人后面跑而忘记看路。③做店铺，不论哪个环节，都要站在买家角度考虑问题，这样就一通百通了。④很多时候要学会做减法，看了很多女鞋、手机店铺，都是第一屏海报，都是 4 个轮播，人云亦云，其实两个就够了。

9.3 拓展知识：中国手机网民网络安全的趋势与建议

2015 年中国手机网民网络安全状况报告　第 8 章　趋势与建议

中国互联网络信息中心 2016 年 9 月

第 8 章　趋势与建议

1. 移动网络服务快速发展，手机信息安全环境更加复杂

截至 2015 年年底，国内手机网民规模已达 6.2 亿，随着移动 4G 网络的普及，O2O 服务、手机购物和移动支付等业务快速发展，越来越多的用户个人信息通过互联网上传给各类应用服务商，网民的手机信息安全环境日趋复杂。按照不同手机信息安全事件的类型进行区分可以发现，手机安全风险向手机应用产业链上下游延伸的趋势明显。在产业链上游，越来越多的黑客开始利用移动网络硬件或系统漏洞对用户信息安全造成不法侵害。在硬件端，如路由器、交换机等硬件设备安全风险依然较大；而在软件端，如“XcodeGhost”病毒，在应用程序的开发过程中就可以在开发者不知情的情况下对 App 注入第三方代码，从而窃取用户数据。这种恶意行为不仅普通用户无法感知，甚至连应用开发者也难以察觉，而且影响范围极大。在产业链中游，黑客将恶意程序伪装成正常应用，通过钓鱼短信、自制网页、社交平台等渠道散播，欺骗用户安装后窃取个人信息，进而实施精准网络诈骗。在产业链下游，以骚扰、广告、诈骗电话为代表的信息安全问题依然严峻，不仅影响了网民的日常生活，也阻碍了移动互联网产业的健康发展。

2. 骚扰类信息安全事件频发，窃取用户信息的手段趋于隐蔽

从手机安全事件的用户覆盖率来看，2015 年国内手机信息安全事件的发生呈两极化趋势，且信息安全事件数量显著增长。一方面，不会对用户构成直接经济损失的骚扰类安全事件的用户覆盖率很高，骚扰、广告电话和广告违法短信的用户覆盖率均在 75%以上；另一方面，通过手机病毒、恶意软件窃取用户信息的手段越来越隐蔽，大多数用户被盗取了个人信息之后很难察觉，其用户覆盖率均未达到 20%。不容忽视

的是，虽然用户察觉到的比例较低，但手机病毒和恶意软件在2015年影响群体不减反增。根据腾讯手机管家提供的数据显示，2015年安卓病毒感染人次达到3.08亿人次，相比2014年增长56.5％；新发现的手机病毒数为1670.37万个，约为2014年的17倍，全年每月手机病毒感染终端数量呈现逐步增长趋势。

3. 用户对各类手机安全风险认知仍需加强

智能手机功能的不断拓展使得其可以在越来越多的场景下为用户提供服务，但随之而来的各类风险也逐渐增多。伴随各地经济的发展，移动上网基础设施不断普及，公共Wi-Fi、二维码、伪基站等安全问题更加易于发生，使得不具备手机安全风险防范意识的用户更可能遭受经济损失。由于诈骗电话、钓鱼短信、应用隐私授权等手机安全问题完全可以依靠用户自身防范意识进行避免，因此提高用户对于各类安全风险的认知并建立防范意识是当务之急。调查发现，目前国内仍有近半数手机网民对于公共Wi-Fi、二维码等各类手机安全风险缺乏基本的安全防范意识，加强对手机网民在各种应用场景下手机信息安全知识的普及宣传仍十分必要。与此同时，对于伪基站、不法公共Wi-Fi等问题的打击也将成为各相关部门未来工作的重点。

4. 手机安全软件渗透率较高，防护功能齐全是用户首选因素

随着智能手机的普及，手机安全软件逐渐被广大手机网民所接受。尤其对于并不了解手机信息安全防范知识的用户来说，手机安全软件虽然不能完全杜绝手机安全事故的发生，但也从客观上为这类用户提供了一定安全保障。根据第37次中国互联网络发展状况统计调查数据，截至2015年12月，国内手机安全软件用户规模达到4.5亿，占整体手机网民的72.6％。通过对使用手机安全软件的用户进行调查发现，手机安全功能齐全是用户选择手机安全软件的首要因素，此外产品安全性和操作便捷性也受到用户重视，超过60％的用户会根据这三项因素选择手机安全软件品牌。从安装方式来看，超过四分之一用户使用的手机安全软件是手机自带或系统预装的，表明应用预装依然是手机安全软件厂商推广产品的重要渠道。另外值得注意的是，大多数用户对于手机安全软件收集用户信息的行为存在顾虑。这很大程度上由于目前手机安全软件相关行业规范尚未完善，导致很多用户对手机安全软件的信任度不高。因此未来应联合各方力量制定明确的行业标准，并推动落实，提高用户对该类软件的信任度。

5. 完善法规与加强协作是未来网络安全大势所趋

2015 年 6 月，第十二届全国人大常委会第十五次会议初次审议了《中华人民共和国网络安全法(草案)》，从保障网络产品和服务安全、保障网络运行安全、保障网络数据安全、保障网络信息安全等方面进行具体的制度设计。但要真正改善手机网民的信息安全环境，不能仅依靠政府与相关部门的执法行动，必须明确各方责任，汇聚手机信息安全产业生态中的各方力量进行深度合作，才能够对信息安全相关的违法犯罪行为进行有效打击。这一过程不仅需要政府完善与执行相关法律法规，还包括手机信息安全企业对用户安全产品的改进，以及用户安全防范意识的提升和对手机信息安全问题的积极反馈。目前国内已经形成了“安全联盟”等公益性手机信息安全保护联盟，以及旨在协同运营商、公安局、手机安全企业、手机应用网站，实现“警、企、民”全面合作的“天下无贼”反信息诈骗联盟等。但调查发现，手机网民在遭遇手机信息安全事件后选择向各类信息安全联盟进行反馈的用户占比仅8.1%，因此如何进一步加强各方合作，形成高效、良性的信息安全反馈体系，为更多用户提供信息安全保护将是未来提升国内手机信息安全环境的主要方向。

第10章 双证实训

高职教育是“以职业活动为导向、以职业能力为核心”的职业资格教育，其与社会需求紧密结合，具有鲜明的职业属性。高职多媒体设计与制作专业要培养既有专业基础理论又有较强实践动手能力的职业技能型人才，需要施行“双证融通、工学结合”的人才培养模式。

职业技术教育要求学生持有“双证”，即毕业生要求同时具备毕业证和职业技能证。目前，大多数院校为学生选取 Adobe 网页设计师作为学生考证内容。为使学生能更好地就业，获取国内高质量的职业资格证书是需要的。在教学内容的组织上充分考虑并结合了多媒体应用设计师考试的内容。

多媒体应用设计师考试是全国以考代评的考试，通过考试的人员可以获得中级资格(水平)认证，在国内外都具有较高的分量。

多媒体应用设计师的实践技能操作部分主要分为 4 部分：多媒体应用的策划与设计、多媒体素材的制作和集成、多媒体应用系统的设计和实现示例、多媒体数据库及分布式多媒体系统。其中，Newsletter、blog、a website for small business 等项目内容基本涵盖了多媒体应用系统的设计和实现示例的内容，online booking form、online shopping carts 等项目内容又基本涉及多媒体数据库及分布式多媒体系统的内容。同时，项目课程的实施开展，使得学生整体思路清晰，对多媒体应用的策划与设计掌握得较好，多媒体素材的制作和集成方面也有诸多实践。因此，本章中各项目实现了较好的项目内容与职业资格考试内容的对接，学生在经过各项目内容的学习、实训、内化后再经过适当的辅导，补充部分知识、技能及其情感，可以参加并获得多媒体应用设计师考试的证书。

下面对多媒体应用设计师考试试题(下列案例分析考试的试题)进行说明、分析与解答，以期抛砖引玉，帮助学生熟悉多媒体应用设计师考试的内容与类型。

试题 1(2006 年 5 月试题五)

阅读下列说明,回答问题 1 至问题 4,将解答填入答题纸的对应栏内。

【说明】

某公司计划开发一个交互式的 Web 百科全书系统——Hyperties。公司购置了自己的服务器,拥有独立的域名和 IP 地址,成立开发小组进行网站的开发,组织专门人员进行网站的维护。为了提供有效的信息服务,开发小组设计了 Hyperties 的基本框架,框架规定信息的基础单位是 HTML 网页。每个网页由一个标题、一个可选的简单描述、一个可选的脚本以及所表示的内容组成。

【问题 1】(3 分)

百科全书系统包含众多信息,如何实现网页的快速导航?

【问题 2】(3 分)

以下哪些(或哪种)网页设计方式可以使用户快捷有效地获取信息?

A. 限制网页中同时显示的颜色数

B. 网页内容的显示长度不限

C. 采用带有文字的图形(图像)点缀网页

D. 网页中超链接突出显示

【问题 3】(4 分)

网页脚本包括服务器端脚本和客户端脚本,两者分别是如何解释执行的?

【问题 4】(5 分)

进行网页设计时,有效地利用搜索引擎是推广网站的重要手段。用 150 字以内的文字叙述如何进行网页优化,以提高公司网站在搜索引擎中的排名。

试题 1 分析

本题考查多媒体应用——Web 百科全书系统的策划与设计的内容。

根据题意,Web 百科全书系统——Hyperties 的基本框架规定信息的基础单位是 HTML 网页。HTML,即超文本标记语言,在 20 世纪 90 年代成为网页制作的标准语言。HTML是组织多媒体文档的重要语言,它可以用来制作网页和多媒体设计作品。HTML制作完成的网页文件是标准的ASCII文件,其中加入了许多链接标签的特殊字符串。从结构上看,HTML文件由元素组成,网页中包括标题、清单段落、表格等元素。

HTML的超文本指的是包含图片、声音、动画、视频等内容,即可以用来编排图文、创建列表、建立超链接和插入音/视频等。创建一个HTML文档,需要两个工具,一个是HTML编辑器,另一个是Web浏览器。前者用于生成和保存HTML文档的应用程序,后者用于打开Web网页文件,提供给人们查看资源的客户端程序。

维基百科就是一个基于WiKi技术的多语言百科全书,截至2008年4月维基百科条目数第一的英文维基百科已有231万个条目。面对Web百科全书系统纷繁复杂的内容,必须采用一些有效方法让用户实现网页的快速导航,并且快速检索、查询所需要的信息。

目录和索引是常用的快速导航工具,在一般的帮助文档中常见。

为了使用户快捷有效地获取信息,采用有效的网页设计方式和设计理念是必需的,例如:

- 易读的网页内容
- 合理的表格布局
- 避免长文本页面
- 不滥用特殊字体、符号
- 限制网页显示颜色数
- 善用图形图像表示
- 采用带有文字的图形图像点缀网页
- 贴心的图片注释文字
- 网页中超链接突出显示
- 少放Java程序
- 必要的网站介绍

以上这些都可以使用户以最简单、最容易的方式快速获取最有用的信息。

网页脚本包括服务器端脚本和客户端脚本,客户端脚本由浏览器加载并解释执行。服务器端脚本由服务器读取,服务器分析处理脚本代码并输出由此产生的文档,然后浏览器加载并解释执行。

网站优化(Search Engine Optimization)又称为搜索引擎优化,它是通过技术手段使得网站更加符合搜索引擎的特点，让搜索引擎蜘蛛(Spider)更好地阅读和抓取，提升网站质量，在搜索引擎中达到很好的排名，从而提高网站的访问量。

一般来讲，网站优化有两个部分，第一是网站内优化，它通过技术手段使得网站在搜索引擎友好度和站内用户的良好体验度上升，如以内容为王，建设原创性网站；网站自身结构的编写良好；网站关键词的设置；内容更新频率的控制等就是站内优化；第二是站外优化，它通过技术手段帮助网站和所属企业进行品牌推广，如百度竞价、谷歌广告等就是站外优化。

最常用的进行网站推广的方式是采用关联网站和搜索引擎注册。

1. 关联网站

通常是指同一个机构所拥有或控制的各个独立的网站(包括二级域名的网站)，但这些网站之间具有相互推广的关联关系。作为一般的企业网站，关联网站推广也是网络营销成功的一个重要因素。

2. 搜索引擎注册

利用搜索引擎，提高网站在搜索引擎中的排名是目前网站推广的一种有效手段。

试题1答案

【问题1】

采用目录和索引(或搜索)。

【问题2】

A,C,D

【问题3】

客户端脚本由浏览器加载并解释执行。

服务器端脚本由服务器读取，服务器分析处理脚本代码并输出由此产生的文档，然后浏览器加载并解释执行。

【问题4】

在URL中出现关键词；在网页标题中出现关键词；关键词表中出现关键词；描述标签中出现关键词；内容中自然出现关键词；内容第一段和最后一段出现关键词；

图片的文件名中包含关键词；关键词密度6%～8%；对关键词加粗或斜体；ALT属性中出现关键词；创建链接活动提高网站在搜索引擎中的排名。

试题2(2008年11月试题三)

阅读下列说明，回答问题1至问题4，将解答填入答题纸的对应栏内。

【说明】

某娱乐类网站需要开发一个网络游戏项目。该项目采用三维动画软件完成游戏建模以及美工制作，采用面向对象的程序设计语言完成系统集成，通过客户端程序与服务器进行交互操作。

【问题1】(4分)

为了提高客户端与服务器的交互效率，保证游戏画面流畅，对游戏场景中的三维模型有什么要求？为什么？

【问题2】(3分)

该项目采用螺旋式生命周期模型完成开发工作，简述采用螺旋式生命周期模型进行多媒体应用系统开发的基本步骤。

【问题3】(4分)

在面向对象程序设计语言中，对象的成员分为哪几类？可视化对象的外观属性通常由哪类成员来表示？鼠标事件和键盘事件通常由哪类成员来处理？对象之间如何进行通信？

【问题4】(4分)

在Windows平台下通常使用的三维编程开发工具包括微软公司的三维图形应用程序接口(API)__①__和SGI公司的三维图形应用程序接口(API)__②__。

试题2分析

本题考查多媒体应用——网络游戏的策划与设计的内容。

近年来国家863计划(如网络游戏通用引擎研究及示范产品开发、智能化人机交互网络示范应用等项目)引领了网络游戏的发展。网络游戏市场逐渐显现规模，以网络游戏开发、运营为主体的产业链也逐步形成。

从网络游戏的基本结构看，主要包括引擎、脚本、图形用户界面 GUI、模型、材质、音频、支撑结构等几个构成要素。

1. 游戏引擎

游戏引擎用于控制游戏功能的主程序，从计算碰撞、物理系统和物体的相对位置到接收游戏者的输入，以及按照正确的音量输出声音等。

2. 图形用户界面

图形用户界面是图形和脚本的整合，用于传递游戏的视觉外观并接受用户的控制输入。

3. 模型

模型是游戏的灵魂，数字化三维模型的表现方法有使用线框图、三角形表面的多边形建模，使用实体通过布尔运算来建模，使用样条曲线和 NURBS 曲线建模等。通常为提供更好的运行效果、交互效率和传输速度，要求控制模型的面数和结构复杂度等。

网络游戏设计的流程与一般游戏设计的流程相类似，通常包括构思、提案、原型、制作、整合、测试等几个阶段。由于网络游戏属于多媒体应用系统，该项目可以采用软件工程开发方法来完成。软件开发模型包括增量式、演进式、V 型、锯齿型等，其中，瀑布式、迭代式、螺旋式模型是开发的基础，其他模型多是基于这三种模型的变化而来。在此采用螺旋式生命周期模型完成开发工作。

螺旋式模型主要采用周期性的方法开发系统，是瀑布模型的迭代方式。使用螺旋式模型在早期就为用户提供部分系统原型，使用户可以对应用系统有一个初步的认识，以便进一步提出需求，为下一个周期的开发奠定基础。系统开发过程每迭代一次，系统开发就前进一个层次。通常螺旋式模型适合的项目类型有：用户对自己的需求不是很明确；项目风险是主要的制约因素；项目可能发生一些重大变更；项目采用新技术等。

网络游戏的引擎开发中会使用 C++ 等面向对象程序设计语言。在面向对象程序设计语言中，涉及对象、类、继承、封装、多态性、消息等基本概念。

类是一种重要的用户自定义数据类型，类的成员分为数据成员和函数成员。数据成员保存类用于操作的数据，函数成员用于对数据成员的操作，完成一定的功能。类通过实例化生成对象，同一类生成的所有对象都具有类的数据成员和函数成员。

在可视化程序设计中，窗口、对话框、按钮等可视化对象的外观属性通常定义为对象的数据成员，如字体、字号、颜色等。鼠标和键盘事件的处理通常定义为类的函数成员，当鼠标或键盘事件发生时，就会激活对应的函数成员，实现相应的功能。

在面向对象程序设计语言中，对象之间的服务通信是通过传递消息来实现的。一个对象通过向另一个对象发送消息来请求服务。一个消息通常包括接收对象名、调用的操作名和参数。消息只告诉接收对象需要完成什么操作，并不能指示接收者怎样完成操作。消息完全由接收者解释，接收者独立决定采用什么方法来完成所需的操作。

在 Windows 平台下，通常使用的三维编程开发工具包括微软公司的三维图形应用程序接口(API)Direct 3D 和 SGI 公司的三维图形应用程序接口(API)OpenGL。

试题 2 答案

【问题 1】

为了提高客户端与服务器的交互效率，保证游戏画面流畅，对游戏场景中的三维模型应当在满足形体表达的情况下，使用结构简单、多边形面数少的低精度模型。

主要原因如下。

(1) 网络游戏采用的是实时渲染技术，需要根据游戏玩家发出的指令进行实时渲染，高精度三维模型的实时渲染复杂度高，难以保证画面流畅。

(2) 采用较低精度的三维模型需要通过网络传送的数据量也较小，便于提高网络传输效率。

【问题 2】

采用螺旋式生命周期模型进行多媒体应用系统开发的基本步骤如下。

(1) 用户需求分析。

(2) 基于已知的需求分析，构建一个应用系统原型。

(3) 将原型交给用户使用。

(4) 从用户那里获得反馈，更改用户需求。

(5) 建立下一个原型，加入新的用户需求。

(6) 重复上述过程，直到该应用软件完成。

【问题 3】

对象成员分为数据成员和函数成员两类。

可视化对象的外观属性通常定义为对象的数据成员。

鼠标和键盘事件的处理通常定义为函数成员，函数成员通过事件驱动完成一定功能。

对象之间通过消息传递进行通信。

【问题 4】

(1) Direct 3D (2) OpenGL

试题 3(2011 年 5 月试题二)

阅读下列说明，回答问题 1 至问题 3，将解答填入答题纸的对应栏内。

【说明】

利用 Photoshop 图像处理工具软件可以对数字图像进行各种复杂的编辑处理工作，例如绘制简单的几何图形，给黑白图像上色，进行图像格式和颜色模型的转换，调整图像尺寸，改变图像分辨率，编辑、创作并合成新的图像，制作生成网页图像等。

【问题 1】(3 分)

应用 Photoshop 工具软件处理图像时通常需要选择一个区域作为操作对象，选取某一特定区域的工具有哪些？

【问题 2】(6 分)

利用 Photoshop 提供的功能，可以把多张不同的图片作为前景图，摆放到背景图的任意位置，随意编辑调整每个前景图的位置、大小、透明度等各种属性，并能够实时看到整体的效果，直至满足要求为止。支持上述编辑处理的最基本功能是什么？此功能的作用主要是什么？

【问题 3】(5 分)

利用 Photoshop 工具将一张包含头、肩部正面部分生活照数码相片处理为一张红底一寸的证件照片，可以使用哪些操作步骤来实现？

试题 3 分析

Photoshop 是目前使用最为广泛的一个图像处理工具，在数字图像处理中发挥着重要的作用。本题主要考查考生对 Photoshop 类软件常用图像处理功能的基本了解。题目中图像处理的要点一是理解图层功能的基础知识和基于图层实现的数字图像处理的基本操作方法，二是图像局部选择及编辑处理的基本操作过程。

【问题 1】

在 Photoshop 中有一种基本的也是使用比较多的操作就是“抠图”，即使用各种工具将背景图中特定区域的图像块选择出来。选取某一特定区域的工具主要有规则选取工具、魔术棒工具和套索工具。

【问题 2】

在使用 Photoshop 时几乎都会使用到图层这个最基本而又重要的工具。可以把图层想象成是一层层重叠放置的透明胶片，每张透明胶片上都有不同的画面，改变图层的顺序和属性可以改变图像的最后重叠效果，通过对图层的简单操作和特殊功能可以创建很多复杂的图像效果。

【问题 3】

在 Photoshop 中实现题目要求的具体操作过程见参考答案。

试题 3 答案

【问题 1】

规则选取工具、魔术棒工具、套索工具。

【问题 2】

(1) 图层功能(层功能，图像分层处理功能)；

(2) 图层功能可以将一个图像中的各个部分独立出来，然后可以对其中的任何一部分进行处理，而且这些处理不会影响到别的部分。

【问题 3】

(1) 打开数码相片，旋转照片使头部摆正；

(2) 使用剪切套索选取剪切出合适的区域；

(3) 利用“多边形套索工具”将头像从背景中勾出来；

(4) 选择“选择”|“反选”命令，将头像之外的背景选中，然后将选中的背景填充为红色；

(5) 选择“图像”|“图像大小”命令，调整图像大小到 1 英寸相片规格的宽度和高度。

试题 4(2014 年 5 月试题一)

阅读下列说明,回答问题 1 至问题 5,将答案填入答题纸的对应栏内。

【说明】

Photoshop 是最常用的数字图像处理软件,可以完成图像格式转换、图像编辑、图像合成、校色调色及特效制作等功能。

【问题 1】(3 分)

简述 Photoshop 工具箱中“吸管工具”的主要功能。

【问题 2】(3 分)

简述 Photoshop 软件中“调整图像大小”和“调整画布大小”两项功能的区别。

【问题 3】(6 分)

在 Photoshop 中先打开一幅 24 位色的数字图像,然后执行 Image(图像)→Image Size(图像大小)菜单命令,弹出如图 10-1 所示的对话框。对话框最上方显示的“像素大小:14.4M”信息是指该图像在非压缩条件下所占的存储空间大小(以字节为单位)。

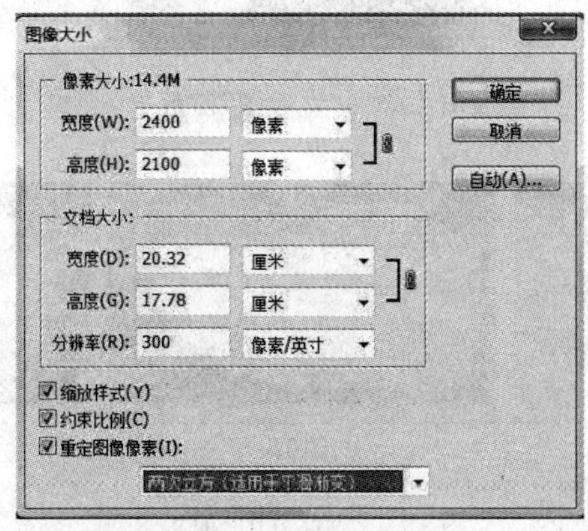

图 10-1 “图像大小”对话框 1

现将图像的分辨率由“300 像素/英寸”修改为“120 像素/英寸”,得到如图 10-2 所示的对话框。请估算图 10-2 对话框中①“像素大小”、②“宽度”、③“高度”三个信息栏中显示的三个值分别是多少。

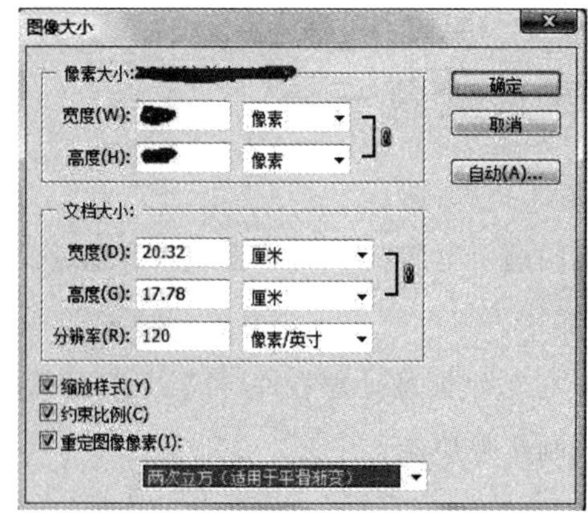

图 10-2 “图像大小”对话框 2

【问题 4】(2 分)

用 Photoshop 打开一幅图像,执行 Window(窗口)→Histogram(直方图)菜单命令弹出如图 10-3 所示的“直方图”面板。现将该图像的亮度调高后,其直方图最有可能变为图 10-4 中的哪一个?

图 10-3 “直方图”面板 1

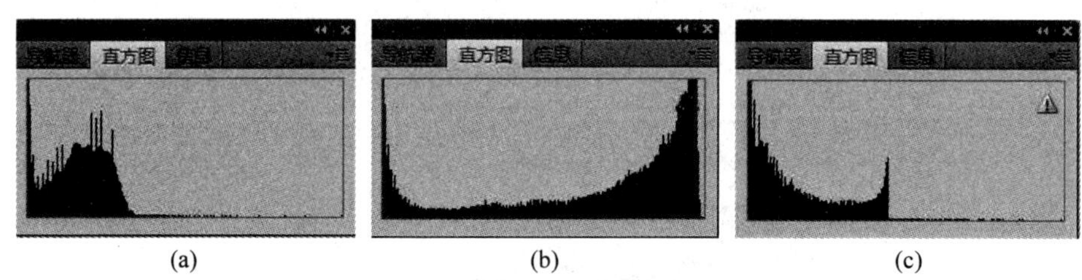

图 10-4 “直方图”面板 2

【问题 5】(2 分)

在 Photoshop 中,针对一幅打开的图像执行 Image(图像)→Rotate Canvas(旋转画布)命令使其顺时针旋转 90°后,其直方图有何变化?

试题 4 分析

本题主要考查考生对基本的图形、图像概念的理解和对 Photoshop 软件的运用能力。图形图像作为一种视觉媒体已经成为人类信息传输、思想表达的重要方式。数字图像处理软件在多媒体素材制作中扮演了重要角色，而 Photoshop 是目前最常用、最专业的图像处理软件。

【问题 1】

本问题主要考查对 Photoshop 中常用操作工具的应用知识。Photoshop 中的吸管工具可用于拾取数字图像中任意位置上的颜色信息。

【问题 2】

本问题主要考查 Photoshop 操作人员容易混淆的两个概念：图像大小和画布大小。“图像大小”是指图像本身的以像素为单位的大小，每个像素都包含实际的信息。改变原始图像的大小和分辨率，即对原图像进行强制缩放，会影响图像的品质。画布是 Photoshop 软件引入的一个概念，是铺在实际图像下面的一个假想的白布，“调整画布大小”功能是在保持原始图像大小不变的情况下调整画布（纸张）的空白大小。

【问题 3】

本问题主要考查数字图像的基本概念，包括图像大小和分辨率的关系，分辨率与图像品质的关系，以及 Photoshop 中画布的概念。理解了这些概念，即便对 Photoshop 不熟悉，也可以计算出答案。因此该问题属于较简单的题目。

【问题 4】

本问题主要考查数字图像直方图的概念。Photoshop 使用的直方图都是灰度直方图，从图形上说，它是一个二维图，用坐标表示。横坐标表示图像中各个像素点的灰度级，反映图像中像素不同灰度值出现的次数（或频数）。因此如果将图像调亮，则会增加高灰度级像素的个数，只有图 10-4(b)符合要求。

【问题 5】

本问题主要考查数字图像直方图概念理解的灵活性。直方图表示了图像的一维信息。只反映图像中像素不同灰度值出现的次数（或频数）而未反映像素所在位置。因此对图像进行旋转，相当于改变了图像的位置，对图像像素的灰度级统计信息，对直方图没有影响。

试题 4 答案

【问题 1】

Photoshop 中的吸管工具可用于拾取数字图像中任意位置上的颜色信息。

【问题 2】

“调整图像大小”功能可以改变原始图像的大小和分辨率，即对原图像进行强制缩放，该功能会影响图像的品质。“调整画布大小”功能是在保持原始图像大小不变的情况下调整画布(纸张)的空白大小。

【问题 3】

① 像素大小：2.3MB(或 2.3)。② 宽度：960px。③ 高度：840px。

【问题 4】

图 10-4(b)

【问题 5】

无变化

试题 5(2014 年 5 月试题二)

阅读下列说明，回答问题 1 至问题 3，将答案填入答题纸的对应栏内。

【说明】

在日常工作和生活中，用户经常利用 Photoshop 对拍摄的数码照片进行后期处理，如对照片进行放大、缩小、旋转、镜像等几何变换，或将几张照片合成为一幅具有创意的新照片。

【问题 1】(6 分)

现有两张数码照片，一张为背景接近纯色的人物照，另一张为风景照，要求利用 Photoshop 工具将人物图像合成到风景照中，最终获得 JPEG 图像格式的照片。简述实现该操作的基本步骤。

【问题 2】(2 分)

在问题 1 描述的照片合成处理中，如果要求人物与风景的合成效果越自然越好，尤其在人物边界处不能显得太突兀，那么在用选择工具提取人物图像时，应该使用选择工具的什么功能?

【问题 3】(6 分)

用数码相机拍摄一张风景照,发现照片中的景物整体朝逆时针方向倾斜,并确定是拍摄问题。照片倾斜角度无法判断,但照片中有海平面等景物。现要求利用 Photoshop 校正该倾斜照片,简述基本的操作步骤。

试题 5 分析

本题进一步考查对 Photoshop 图像处理软件运用的熟练程度,检验考生是否能够利用该工具针对特定应用场景完成多媒体素材制作。

【问题 1】

利用 Photoshop 处理数码相机拍摄的照片是最常见的一类应用。该问题主要考查考生是否理解“套索工具”、“魔棒工具”等不规则区域选取工具的功能,是否理解部分图像的剪切、复制功能,是否理解 Photoshop 的图像压缩格式转换功能,以及是否能够在具体应用场景中将这些功能组合起来灵活运用。

【问题 2】

该问题主要考查考生对 Photoshop 工具中“羽化”功能的理解。“羽化”功能就是在选择图片区域的时候,让选择边界有一个过渡效果,这样使得照片合成时边界处显得更加柔和,没有突兀感。

【问题 3】

利用 Photoshop 对日常生活中拍摄的数码照片进行修正也是非常常见的应用。针对该题目中的问题,考生很容易想到对其进行旋转校正,其中蕴含两个难点。一是校正旋转的角度如何确定,二是旋转后画布留下的白边如何裁剪掉。完全答对该问题需要有 Photoshop 的实际应用经验,因此该考题可以检验考生的实际动手能力。

试题 5 答案

【问题 1】

第一步:用 Photoshop 打开两幅照片。

第二步:在人物照片中利用“套索工具”、“魔棒工具”等选择工具,或者利用“滤镜”→“抽出”功能选择出人物所占的不规则区域。

第三步：将所选择的人物区域复制，然后粘贴到风景照片中，并利用“移动工具”将选择区域移动到合适的位置；或者直接将所选择的人物区域拖曳到风景照片中，再利用“移动工具”将选择区域移动到合适的位置。

第四步：利用 File（文件）菜单中的 Save As（存储为）命令并选择“JPEG 格式”将合成照片存储为 JPEG 格式的图像文件。

【问题 2】

羽化功能。利用该功能可以模糊化选择区域的边界。

【问题 3】

答案一：

第一步：利用“测量工具”或“标尺工具”测量照片中海平面线与水平线的夹角。

第二步：利用“画布旋转”功能将该照片顺时针旋转相应的角度。

第三步：将旋转后照片周围的画布空白区域剪裁掉。

答案二：

第一步：利用“画布旋转”功能将该照片顺时针旋转一定角度，然后通过目测照片中的海平面是否已经保持水平判断旋转角度是否合适。如果不合适，再将照片顺时针或逆时针旋转一定角度，然后再目测是否已经保持水平。该过程反复进行，直至照片被摆正。

第二步：将旋转后照片周围的画布空白区域剪裁掉。

试题 6（2015 年 5 月试题一）

阅读下列说明，回答问题 1 至问题 5，将答案填入答题纸的对应栏内。

【说明】

利用图像处理工具软件可以对数字图像进行各种复杂的编辑处理工作，包括图像格式转换、图像编辑、图像合成、增加滤镜效果、校色调色及特效制作等。Photoshop 是较为常用的图像处理工具软件。

【问题 1】（4 分）

（1）Photoshop 的“历史记录”面板记录了哪些信息？

（2）用户在编辑图像过程中，利用“历史记录”面板主要完成什么操作？

【问题 2】(2 分)

单击工具面板中的“裁剪工具”按钮,利用鼠标在被编辑图像中拖选出一个矩形框,然后用鼠标双击该矩形区域或者单击“图像”→“裁剪”菜单,那么该图像会发生什么变化?

【问题 3】(6 分)

有一张背景接近纯色的景物照片,该景物边缘不规则并且内部色彩丰富。现要求从照片中将该景物选取出来并粘贴到另一张数码照片中。简述如何在 Photoshop 中利用“魔棒工具”实现上述操作,要求给出关键操作步骤。

【问题 4】(4 分)

除了利用“魔棒工具”,再给出两种能够尽量准确选取不规则对象的方法。

【问题 5】(3 分)

在 Photoshop 中打开一张彩色数码照片后,单击“图像”→“调整”→“色相/饱和度…”菜单,出现如图 10-5 所示的对话框。如果要将原照片转化为灰度图像,①应调整对话框中哪个(或哪些)值?②如何调整?

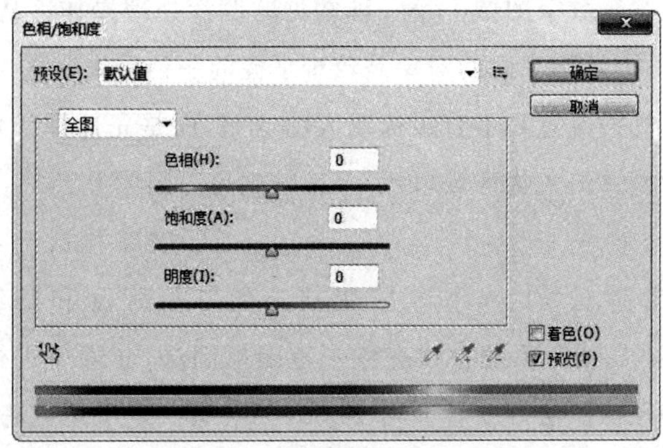

图 10-5 “色相/饱和度”对话框

试题 6 分析

图形图像作为一种视觉媒体已经成为人类信息传输、思想表达的重要方式。数字图像处理软件在多媒体素材制作中扮演了重要角色,而 Photoshop 是目前最常用、最专业的图像处理软件。本题目主要考查考生对基本的图形、图像概念的理解,对 Photoshop 软件的运用技巧的掌握。

【问题 1】

本问题属于基础题，主要考查考生对 Photoshop 中常用菜单、常用操作工具的应用方法的理解。每个使用 Photoshop 处理过数字图像的用户都必然会用到“历史记录”功能，以撤销已经完成的若干操作，回退到某个操作之前的状态。一般用户都会一边修改数字图像，一边观察修改结果。如果修复结果不满足要求，则通常会利用该功能撤销之前的修改动作。

【问题 2】

该问题仍然考查考生对 Photoshop 中常用菜单、常用操作工具的应用方法的理解。将一张数码照片或图像裁切成指定大小是一般用户利用 Photoshop 完成的最常见的操作之一。利用“裁切”菜单比朴素的“先选取区域，再剪切，再粘贴到新的图像文件”的方法更快捷。对 Photoshop 使用较为熟练的用户都应会使用该项功能。

【问题 3】

本问题主要考查考生对 Photoshop 中等程度应用技巧的掌握，检验考生是否能够将 Photoshop 的多种基本工具组合使用完成指定的任务。从一个数字图像中选取一个对象并移植到另一个数字图像中是一种常见的照片处理操作。从原始图像中直接选取一个颜色丰富、边界不规则的对象是较难掌握的一种操作。这也是该题目的一个难点。解答该题目的关键点是不直接选取人像区域，而是先选择颜色单一的背景区，然后再利用反选功能选出人物区域，最后再粘贴到另一图像上。

【问题 4】

该问题考查考生对 Photoshop 应用技巧的掌握程度和归纳总结能力。在 Photoshop 中选取不规则对象的方法有色彩范围抠图法、套索工具抠图法、通道抠图法、蒙版抠图法、路径抠图法等 5 种。对 Photoshop 有一定了解的考生能够答出两三种。要了解并能够在合适的应用场景下正确使用这些抠图法要求考生具备一定深度的数字图像知识。

【问题 5】

本问题主要考查考生对色彩空间知识的掌握，特别是对 H(色相)、A(饱和度)和 I(明度)色彩空间(类似于 HSV 色彩模型)的理解程度。模型中 H 表示色彩信息，即光谱颜色所在的位置，该参数用角度来表示。饱和度 A 是一个比例值，表示所选颜色的纯度和该颜色最大的纯度之间的比率，当 A 取最小值时，代表灰度。I 表示色彩的明亮程度，与光强度有直接关系。该题目要求将原图像改为灰度图像，显然应该将饱和度 A 置为最小。该题目属于中等难度的题目。

试题 6 答案

【问题 1】

(1) Photoshop 的"历史记录"面板记录了用户过去完成的一系列操作。

(2) 用户可以利用"历史记录"面板撤销已经完成的若干操作,回退到某个操作之前的状态。

【问题 2】

被编辑图像产生如下变化:被选择的矩形区域被保留,矩形区域外面的图像内容被自动裁剪掉了。

【问题 3】

步骤如下:

(1) 打开包含景物的照片文件和作为被粘贴目标的照片文件;

(2) 选用"魔棒工具",选择景物照片中的背景区,并利用相关工具调整选区边缘;

(3) 单击"选择"→"反向(反选)"菜单,或利用 Shift+Ctrl+I 组合键进行反选,将选择区变成景物;

(4) 复制被选择的景物区域,然后粘贴到目标照片中。

【问题 4】

在 Photoshop 中选取不规则对象的方法:①色彩范围抠图法;②套索工具抠图法;③通道抠图法;④蒙版抠图法;⑤路径抠图法。

【问题 5】

(1) 应调整"饱和度";

(2) 答案一:将饱和度调整成最小值;答案二:将饱和度值调整为-100。

试题 7(2015 年 5 月试题二)

阅读下列说明,回答问题 1 至问题 5,将答案填入答题纸的对应栏内。

【说明】

某编辑部在期刊制作过程中,同时利用了图像处理软件(如 Photoshop)和图形编辑软件(如 Illustrator)两类工具软件制作期刊插图。最后利用图文混排软件进行排版设计。这三种软件相互配合使用,能够有效地完成期刊内容设计、排版的全部工作。

【问题 1】(4 分)

从定义角度说明位图图像和矢量图形的区别。

【问题 2】(2 分)

如果要制作统计图表插图适合采用上述哪种类型的软件?

【问题 3】(4 分)

现有一些纸质照片需要输入到计算机中作为制作期刊插图的素材,请列举两种数字化录入手段。

【问题 4】(4 分)

简述如何利用图像处理软件 Photoshop 在期刊插图(位图格式)的右下角加入具有半透明效果的期刊名称文字作为水印,要求给出关键操作步骤。

【问题 5】(3 分)

为了方便在多幅图像中加入文字水印,需要预先在 Photoshop 中制作好水印图案,然后复制叠加到设计图中。要存储附加水印内容且可以随时按需修改调整水印的设计图。①PSD、JPG、TIFF 图像文件格式,哪种不适合使用?②为什么?

试题 7 分析

该题是一个关于图形、图像的综合类题目,考查了考生对图形、图像基本概念的理解、常见的图形图像文件存储格式、存储特性、输入/输出手段、编辑工具、编辑方法、综合运用等多类知识。

【问题 1】

该问题主要考查考生对图形、图像概念的理解。通过对位图图像和矢量图形概念定义的对比,可以促进学生对两种记录现实世界画面本质的理解。其中,位图图像是通过每个像素点的颜色信息数值来反映原始图像的视觉效果。可以把一幅位图图像理解为一个矩阵,矩阵中的每个元素就是图像中的一个点,称为像素。每个像素都有具体的颜色信息。矩阵中的所有不同颜色的点就组成了一幅完整的图像。矢量图形是用矢量方式(如形状的解析式)来描述的图形。这些矢量或解析式用来描述构成一幅图的所有直线、圆、矩形、曲线等图元的位置、形状、维数和颜色等各种属性和参数。显示时,需要相应的软件读取、解释这些矢量信息,并将其转换为适合屏幕显示的像素信息进行显示。该题目属于简单题目。

【问题 2】

该问题仍然考查考生对图形概念的理解。通过一种具体的图(统计图表)的例子来让考生判断是图形还是图像,以检验是否真正理解相关概念。统计图表中包含线段、文字、色块等明显的图元信息,完全可以用图形方式进行建模和存储,因此更适合作为图形方式进行编辑(因此正确答案是图形编辑工具 Illustrator)。

【问题 3】

本问题主要考查考生是否掌握了多媒体数据输入设备和输入方法相关知识。将现实中的图片转换成计算机能够存储的数字图像必须借助于具有光电转换器件的输入设备,最常见的就是图像扫描仪(CCD 扫描仪和 CIS 扫描仪)、数码相机以及数码摄像机。这些设备的光电转换器件将图片中各个点的反射光(强度、颜色等)转换为数字图像中的一个像素值,就得到了数字图像。

【问题 4】

本问题主要考查考生对 Photoshop 中等偏上难易程度应用技巧的掌握,检验考生是否能够将 Photoshop 的多种基本工具组合使用完成指定的任务。在一个数字图像中加入具有半透明效果的文字作为水印,需要用到 Photoshop 中非常重要的"图层"的概念。在该题目中至少需要建立两个图层,其中一个图层保存原始位图,另一图层用来容纳水印文字。利用图层才能实现半透明效果。可以手动创建一个图层,Photoshop 也支持在添加文字时自动创建一个图层。

【问题 5】

本问题主要考查考生对常用的数字图像存储文件格式相关知识的了解。对数字图像进行存储、处理、传播,必须采用一定的图像格式,也就是把图像的像素按照一定的方式进行组织和存储,把图像数据存储成文件就得到图像文件。图像文件格式决定了应该在文件中存放何种类型的信息,文件如何与各种应用软件兼容,文件如何与其他文件交换数据。创建的图像文件格式包括 BMP、TIFF、GIF、JPEG、PNG、PSD 等。在问题 4 中提到要保存能够随时进行编辑的带有文字水印的图像,其存储格式必须支持"图层"的概念。题目中给出的 3 种格式中,只有 JPG 不支持分层的概念,因此 JPG 图像格式不合适。

试题 7 答案

【问题 1】

位图图像也称光栅图、栅格图、点阵图，是通过每个像素点的颜色信息数值来反映原始图像的视觉效果。可以把一幅位图图像理解为一个矩阵，矩阵中的每个元素就是图像中的一个点，称为像素。每个像素都有具体的颜色信息。矩阵中的所有不同颜色的点就组成了一幅完整的图像。

矢量图形是用矢量方式(如形状的解析式)来描述的图形。这些矢量或解析式用来描述构成一幅图的所有直线、圆、矩形、曲线等图元的位置、形状、维数和颜色等各种属性和参数。显示时，需要相应的软件读取、解释这些矢量信息，并将其转换为适合屏幕显示的像素信息进行显示。

【问题 2】

图形编辑软件(如 Illustrator)。

【问题 3】

录入手段一：利用图像扫描仪扫描。

录入手段二：利用数码相机翻拍。

录入手段三：利用数码摄像机翻拍。

其他手段等。

【问题 4】

按照如下步骤在期刊插图中加入文字水印。

(1) 打开插图文件；

(2) 新建一个图层(可选步骤)；

(3) 在工具栏中选择“横排文字工具”(或直排文字工具)，在图的右下角合适位置插入文字，文字内容为期刊名称，并可设置该文字的颜色、字体等参数；

(4) 降低文字图层的不透明度，使文字具有半透明效果；

(5) 保存编辑结果。

【问题 5】

① JPG 不适合。

② JPG 格式不支持保存图层信息及多层图像信息。

附录A 淘宝装修常见问题解答

1. Photoshop 的各个版本如何下载？

在百度搜索框中输入“Photoshop 联盟”，进入该页面以后在右下角可以找到“软件下载”字样，单击进入里面有各个版本的 Photoshop，可以找到自己想要的版本进行下载。

2. Photoshop 的知识介绍太少，还想进一步学习该怎么办？

想要更多地学习 Photoshop 知识的卖家可以进入阿里学院，找到一些适合自己的、免费或者付费的视频进行学习。阿里学院的网址为 http://www.ailibado.com。当然，书籍的学习以及同行之间的交流也是非常重要的。

3. 淘宝图片空间怎么升级/降级？

图片空间升级：低的服务级别可以向高的服务级别升级，进入“我要订购”页面订购等级高的容量即可。图片空间降级：服务到期后才可以订购等级低的容量，同时必须把所占有的空间里面的图片删除。例如，100MB 服务到期后才可以订购 50MB。

4. 为什么图片上传时尺寸总是被缩小？

当选择图片进入到上传对话框时，如果勾选“自动压缩以节省空间”复选框，图片宽度会默认为 640 像素，从而使图片尺寸缩小。因此，只有取消勾选该复选框，上传的图片才是原始图片尺寸。

5. 上传图片提示“您不能使用他人图片空间中的图片”该怎么办？

若在发布宝贝时出现提示，可能是以下几种情况，建议尝试进行处理。

(1) 如果是分销平台的用户，从供应商处下载的商品，里面的图片没有进行再编辑，直接复制发布后就会出现上述提示问题。此时建议将从供应商处下载的图片另存到本地计算机，再从本地计算机上传后重新发布即可。

(2) 如果使用的是自己本地计算机的图片，请查看图片空间是否已经到期需要续费，如果到期请先给图片空间续费后再发布。

(3) 如果以上两种情况都不是,则可能是计算机使用的浏览器不稳定导致,建议计算机使用 IE 浏览器发布。

6. 店招模块误删后怎么找回来?

方法一是定位到“页面管理”→“页面编辑”→“首页”→“+(添加模块)”命令,添加店铺招牌;方法二是定位到“页面管理”→“布局管理”→“首页”→“店铺页头”→“+(添加模块)”命令,添加店铺招牌。

7. 为什么插入店招后还是有缝隙?

在插入好图片后要检查图片的前边是否有空格,如果有空格可以使用键盘上的 Delete 键进行删除,这样店招与页头背景才会完全衔接在一起,不会出现白色缝隙。

8. 导航条不见了,该怎么恢复?

导航模块不可以删除。如果装修发布后发现导航条不见了,可以将店铺招牌尺寸修改为 950 像素×120 像素(页头高 150 像素,包含店铺招牌和导航条。如果店铺招牌高设置为 150 像素,发布后导航条可能消失不见)。

9. 收藏模块的代码是什么?

```
<div>
<a class = "J_TokenSign" href = "收藏链接">< img src = "收藏图片"/>
</a>
</div>
```

10. 子账号不正常,总不在线,但是设置都是正确的,该怎么办?

(1) 查看对应的子账号是否开启了分流。

(2) 查看是否使用了卖家版旺旺并登录在线。

(3) 查看亮灯代码是否正确,若使用客服中心模块,记得在后台同步到店铺。

(4) 使用子账号挂灯时,请检查旺遍大小客服 ID 设置中的冒号是否为英文冒号。

11. 账号提示“该用户拒绝添加任何人为好友”该怎么办?

一般出现在用户给主账号发消息时,提示“要加为好友”以及“该用户拒绝添加任何人为好友”,原因是该主账号在旺旺设置里做了相应的设置,打开阿里旺旺系统设置,在“安全设置”菜单下选择“验证设置”选项,更改“添加好友验证”信息即可。

12. 卖家自己如何查看店铺动态首页?

登录店铺动态管理后台,单击“浏览我的店铺动态”按钮,即可跳转至店铺动态主页。

13. 如何把二维码贴在宝贝页面？

淘宝二维码包含链接地址信息，用手机扫描二维码，可以快速进入相应的网址。进入“我是卖家”→“店铺管理”→“手机淘宝店铺”→“手机二维码”→“马上去设置”命令，根据情况选择店铺、宝贝、活动页、自定义等生成二维码。

如果是宝贝中添加二维码，需要找到相应的宝贝，单击“生成二维码”按钮并下载到本地，然后在编辑宝贝时把下载的二维码再上传到宝贝详情页即可。

14. 透明代码是什么？

```
<div style = "background:none;height:420px:">  </div>
```

其中，height：420px 是指海报的高度是 420 像素，要根据海报的实际尺寸更改高度。

15. 宝贝详情页可以添加页面背景吗？

淘宝店铺的宝贝详情页是不允许添加背景的。

16. “满就送”店铺优惠券是系统自动送的，还是需要设置“买家点击领取”？

在“满就送”活动设置时选择送优惠券后，当买家订单满足该“满就送”的条件并交易成功后，系统会自动发送该优惠券至买家账户，无须买家领取。

17. 店铺发布时提示“布局规则不存在”该怎么办？

如果在店铺发布时提示“布局规则不存在”，只要删除购物保障标签就可以了。

18. 新旺铺可以修改左上角的淘宝店铺 logo 吗？

新旺铺不可以修改左上角的淘宝店铺 logo，可以在模板上方的店招模板添加店铺 logo。

19. 将别人的图片加上自己的店铺 logo 可以吗？

虽然进行了一定的编辑并加上了 logo 或水印，但是未经允许使用别人的图片将构成“图片发布侵权”，请尊重他人的劳动成果，及时将图片下架或删除，以免出现不必要的举报或纠纷等。

20. 音乐模块的代码是什么？

```
<div><bgsound loop = "1" src = "音乐地址"></bgsound></div>
```

其中，loop＝“1”指播放一次音乐后停止，参数可以自己更改，如 loop＝“2”，表示播放两次音乐后停止。将 loop＝“1”更改成 loop＝“infinite”，可以将音乐设置成循环播放无停止的状态。

21. 我装修后发现不好看，想回到装修前的状态，该怎么办？

装修是即时的，与发布无关(即不管是否发布，装修都已经生效了；而发布时店铺前台也跟随改变)。因此，如果只是想试一下效果，需要回到原装修状态，建议先手动备份一次，以便后续可以还原。

操作路径：执行"装修"→"模板管理"→"备份与还原"命令即可。

22. 去图片边框。

```
<a href = "链接自填" >< img src = "图片地址" style = "border:0"></a>
```

解决方案：style="border:0"。

23. 去热点轮廓。

```
< img src = "图片地址" usemap = "#Map" />< map
name = "Map" id = "Map">< area shape = "rect" coords = "14,23,71,57" href = "#" style = "
outline:0" />
</map>
```

解决方案：style="outline:0"。

知识延伸：无论是图片还是热点还是其他标签有边框，都可以通过 style=" border:0;"或 style="border:none;"来解决。

24. 去超链接下画线。

```
<a href = "链接网址" style = "text - decoration:none">链接内容</a>
```

解决方案：style="text-decoration:none"。

25. 基础版店招下 10px/20px 问题。

body{background-image:url(图片链接);background-position:50% 115px;background-repeat:repeat-x;}

代码说明：

(1) 在 PS 中处理好图片，高度需要设置为 160px。其中，150～160px 这之间的 10px 内容为替换图案。

(2) 将图片上传到自己的图片空间，然后替换掉图片链接即可。

26. 模块下 10px/20px 问题。

有 CSS 权限：

解决方案：绝对定位+负值。

.8roco－mt10{margin－top:－10px}//代码放到 CSS 入口中

.8roco—mt10 可自行命名

无 CSS 权限：

```
<div style="height:(H-h)px;">
<div class="A" style="top:auto;">
  <div class="A" style="top:-hpx">
    <!-- 自定义代码区 -->
    <!-- 此代码可解决任意自定义模块下边距问题,中间最多可插入一个系统模块.需要注意的是:当店铺为淘宝 C 店基础版时,店招下的第一个模块无法清除此模块与店招之间间距,解决方法见店招下 10px 问题 -->
</div>
  </div>
  </div>
```

代码说明：H：自定义内容的高度；h：模块下边距数值，当店铺为淘宝 C 店基础版时，h 为 20；当店铺为淘宝 C 店专业版或天猫 B 店时，h 为 10；A：可用绝对定位样式。例如，淘宝 C 店使用 footer-more-trigger 等，天猫 B 店使用 sn-simple-logo 等。

27. 纯 CSS 实现超宽图片全屏居中。

```
<div style="height:400px">
  <div class="sn-simple-logo" style="left:50%">
<div class="sn-simple-logo" style="left:-960px">
<div style="width:1920px;background:#f00;height:400px;text-align:center;">轮播,图片,内容等都放这个里面
</div>
</div>
</div>
</div>
```

```
.sn-simple-logo//适用于 B 店 .footer-more-trigger//适用于 C 店 .most-footer//适用于 C 店
```

28. 天猫 B 店页尾全屏且无水平滚动条。

```
<div style="height:Hpx;" data-title="天猫 B 店页尾全屏"><div class="sn-simple-logo" style="left:0;top:auto;width:100%;Hpx;background:url(图片链接) 50% 0px no-repeat;"></div></div>
```

29. 全屏固定背景。

解决方案：添加 fixed 属性。

```
<div style="height:0">
  <div class="A" style="position:absolute;margin-left:50%;left:0;top:auto;
```

```
width:auto;height:0;border:0;padding:0;background-color:transparent"><div class
= "A" style = "position:absolute; left: -960px; top: -hpx; height:99999px; width:
1920px;border:0;padding:0;background:url(背景图片链接) repeat-y center 0 fixed;
background-color:transparent"></div></div></div>
```

30. 不能使用他人图片空间中的图片。

```
<img data-ks-lazyload="他人图片空间中的图片地址">
```

解决方案:

(1) data-ks-lazyload。

(2) 上传自己的图片空间。

31. 加入购物车代码。

```
<a class="J_CartPluginTrigger" href="宝贝链接"><!-- 自定义内容 --></a>
```

附录B 多媒体应用设计师考试大纲(2010年版本)

一、考试说明

1. 考试要求：

(1) 掌握计算机系统组成及各主要部件的性能和基本工作原理；

(2) 掌握计算机软件程序设计语言的基础知识及一种通用的C语言程序设计；

(3) 掌握计算机网络与通信基本知识；

(4) 掌握多媒体的定义和关键技术；

(5) 熟悉多媒体数据(视频、音频)获取、传输、处理及输出技术；

(6) 熟悉多媒体数据压缩编码、常用格式及其适用的国际标准；

(7) 掌握多媒体应用系统的创作过程，包括数字音频编辑、图形绘制、动画和视频的制作、多媒体著作工具使用等；

(8) 熟悉多媒体课件、电子出版物及其他多媒体应用系统的设计和实施过程；

(9) 了解信息化、标准化、安全知识以及与知识产权相关的法律、法规要点；

(10) 正确阅读并理解相关领域的英文资料。

2. 通过本考试的合格人员能根据多媒体应用工程项目的要求，参与多媒体应用系统的规划和分析设计工作；能按照系统总体设计规格说明书，进行多媒体应用系统的设计、制作、集成、调试与改进，并指导多媒体应用制作技术员实施多媒体应用制作；能从事多媒体电子出版物、多媒体课件、商业简报、平面广告制作及其他多媒体应用领域的媒体集成及系统设计等工作；具有工程师的实际工作能力和业务水平。

3. 本考试设置的科目包括：

(1) 计算机与多媒体应用基础知识，考试时间150分钟，笔试。

(2) 多媒体应用设计技术，考试时间150分钟，笔试。

二、考试范围

考试科目1：计算机与多媒体应用基础知识

1. 计算机基础知识

- 计算机的发展
- 计算机的分类及特点
- 计算机在信息社会的应用

2. 计算机硬件及系统组成

2.1 计算机的基础组成原理

2.2 中央处理器CPU

- 工作原理
- 主要性能指标

2.3 内部和外部存储器

- 内部存储器分类及其功能
- 外部存储器分类及其功能

2.4 输入/输出接口及其设备

- 常用输入/输出接口的类型及其性能
- 常用输入/输出设备及其用途

3. 计算机软件基础知识

3.1 计算机软件的分类及常用软件

3.2 操作系统的原理及使用

3.3 程序设计语言基础知识(C、Java或Visual Basic任何一种)

- C语言基础语法及编程方法
- 应用程序设计多媒体及Web应用编程基础

4. 计算机网络与通信基础知识

- 网络参与模型与网络协议
- 局域网、广域网基本概念及其功能
- Internet基本概念及其应用
- 宽带网络及其接入技术
- 无线通信技术

5. 多媒体技术及其应用

5.1　多媒体的定义和关键技术

5.2　多媒体计算机系统结构

5.3　多媒体传输协议

5.4　多媒体技术的应用

- 多媒体技术与电视数字化
- DVD 制作
- 视频点播
- 多媒体创作工具及电子出版物
- 多媒体数据库
- 多媒体信息检索
- 多媒体通信流媒体、视频会议

5.5　多媒体技术的发展趋势

6. 多媒体数据处理技术

6.1　视频信息获取和图像文件格式的转换

6.1.1　彩色全电视信号

- 彩色空间的表示及其转换
- 彩色全电视信号

6.1.2　视频数据获取技术

- 视频信号获取器的工作原理
- 彩色全电视信号的数字锁相和数字解码
- 视频信号获取器的软件系统

6.1.3　图像文件格式及其转换

- 静态图像文件格式
- 动态图像文件格式

6.2　音频信息获取和处理

6.2.1　数字音频基础

- 模拟音频和数字音频
- 音频数字化过程
- 数字音频的文件格式
- 音频信号的特点

6.2.2　音频编码基础和标准

- 音频编码基础

6.2.3　音乐合成和 MIDI 接口规范

- 音乐合成
- MIDI 及接口规范

6.2.4　声卡的工作原理及应用

6.3　多媒体数据压缩编码技术基础

6.3.1　多媒体数据压缩的重要性和分类

6.3.2　预测编码

- 预测编码的基本原理
- 差值脉冲编码调制(DPCM)
- 帧间预测编码

6.3.3　变换编码

- 变换编码的基本原理
- 最佳正交交换——K-L 变换
- 次最优的正交交换——离散余弦变换(DCT)

6.3.4　统计编码

- 统计编码的原理
- 哈夫曼(Huffman)编码
- 算术编码

6.3.5　多媒体数据压缩编码的国际标准

- 音频编码标准
- JPEG 标准
- H.261 和 H.263 标准
- MPEG 标准(MPEG-1,MPEG-2 和 MPEG-4)

7. 信息安全性知识

7.1　信息安全性基本概念

7.2　计算机病毒防范

- 计算机病毒的分类与识别
- 计算机病毒的方法措施与消除方法

7.3　入侵检测与防范措施

7.4　加密解密机制与信息加密策略

7.5　身份验证和访问控制策略

8. 标准化知识

- 国际标准、国家标准、行业标准、企业标准基本知识
- 编码标准、多媒体有关的技术标准
- 标准化机构

9. 信息化基本知识

- 信息化基本概念
- 国民经济与社会信息化战略
- 保护

10. 知识产权的有关法律、法规

11. 专业英语

- 正确阅读并理解相关领域的英文资料

考试科目 2：多媒体应用设计技术

1. 多媒体应用的策划与设计

1.1　多媒体应用开发各阶段的目标与任务

- 需求分析
- 应用系统结构设计
- 监理设计标准和细则
- 系统开发工具的选择
- 系统制作的任务
- 系统的测试与运行

1.2　多媒体应用设计的基本原理

- 多媒体应用设计的选题与分析报告(总体规格设计说明书)
- 多媒体脚本设计
- 创意设计
- 人机界面设计原则

2. 多媒体素材的制作和集成

2.1　数字音频编辑

- 录制解说词
- 录制背景音乐

• 进行混音处理

• 添加音效

2.2　图像处理

• 图像处理软件

• 图像特殊效果的主要制作方法

• 图像处理及存储的制作过程

2.3　动画和视频制作

2.3.1　三维动画制作

• 三维动画制作软件

• 三维动画的制作

2.3.2　视频处理与编辑

• 视频制作软件

• 视频信号的采集

• 制作电影

2.4　多媒体系统创作工具

2.4.1　动画创作工具

• 动画创作软件

• 用动画创作工具制作多媒体作品

2.4.2　多媒体著作工具

• 利用多媒体著作工具制作多媒体应用软件

• 利用多媒体著作工具制作交互式网页

3. 多媒体应用系统的设计和实现示例

3.1　多媒体课件的设计与实现

3.1.1　多媒体课件的特点和模式

• 多媒体课件特点和编制原理

• 多媒体课件基本模式

3.1.2　多媒体课件开发过程

• 课件的需求分析(课件的选题、课件的类型)

• 课件的设计(教学设计、课件的表现技巧设计、课件的开发计划)

• 课件的制作(课件素材的选取、课件的脚本编写、课件的编辑合成、编码调试、课件的测试和评价、课件的维护和改进)

3.2 多媒体电子出版物的设计与实现

3.2.1 多媒体电子出版物的特点与应用

- 多媒体电子出版物与其他多媒体软件的区别
- 多媒体电子出版物的应用类型

3.2.2 多媒体电子出版物的基本要素

- 多媒体电子出版物的基本构件
- 多媒体电子出版物的开发人员构成

3.2.3 多媒体电子出版物的开发过程

- 选题
- 组织资源
- 编写多媒体脚本
- 编辑资源
- 系统制作与集成
- 系统的测试与优化
- 形成产品

3.3 网络多媒体广告设计

- 计划与可行性分析
- 信息框架设计
- 文档设计
- 用户界面设计
- 导航和交互设计

4. 多媒体数据库及分布式多媒体系统

4.1 多媒体数据库

4.2 多媒体视频会议系统

4.3 多媒体交互式电视技术

三、题型举例

(一) 选择题

全电视信号主要由(1)组成，在视频信号实时处理技术中，如果电视扫描的正程时间为 52.2μs，分辨率为 512×512，实时意味着处理每个像素的时间近似为(2)。以

PAL 制 25 帧/秒为例,已知一帧彩色静态图像(RGB)的分辨率为 256×256,每一种颜色用 16b 表示,则该视频每秒钟的数据量为(3)。图像序列中的两幅相邻图像,后一幅图像与前一幅图像之间有较大的相关,这是(4)。若用 24 表示一个像素的颜色(真彩色),可显示(5)颜色数。

(1)

A. 图像信号、同步信号、消隐信号

B. 图像信号、亮度信号、色度信号

C. 图像信号、复合同步信号、复合消隐信号

D. 图像信号、复合同步信号、复合色度信号

(2) A. 0.1μs B. 0.2μs C. 0.8μs D. 0.4μs

(3) A. 256×256×3×16×25 b/s B. 512×512×3×8×25 b/s

C. 256×256×3×8×25 b/s D. 512×512×3×16×25 b/s

(4) A. 空间冗余 B. 时间冗余 C. 信息熵冗余 D. 视觉冗余

(5) A. 65 536 B. 32 768 C. 167 000 D. 240 000

(二) 问答题

简述使用多媒体创作工具完成下述任务的制作过程。

[问题 1]如何创建变形过渡动画?

[问题 2]如何制作超文本?

[问题 3]如何设置正确响应?

参考文献

[1] 智云科技.网上开店、装修与推广[M].北京：清华大学出版社,2015.
[2] 吴琪菊,费一峰.淘宝网开店与交易[M].北京：清华大学出版社,2010.
[3] 王淑清.网店经营与管理[M].北京：化学工业出版社,2015.
[4] 方国平.淘宝美工店铺装修实战宝典[M].北京：电子工业出版社,2015.
[5] 王楠.网店美工宝典2015版[M].北京：电子工业出版社,2015.
[6] 淘小二.淘宝、天猫、微店实战一本通开店、装修与推广[M].北京：人民邮电出版社,2016.
[7] 创锐设计.淘宝天猫网店设计从入门到精通[M].北京：人民邮电出版社,2015.
[8] 商玮.电子商务网页设计与制作[M].北京：中国人民大学出版社,2011.
[9] 格格坞.网店赢家——淘宝店铺装修与推广[M].北京：电子工业出版社,2009.
[10] 刘梅彦,徐英慧.动态网页制作教程[M].北京：清华大学出版社,2010.
[11] 王克富,傅俊.网页设计与制作[M].北京：人民邮电出版社,2009.
[12] 吕庆莉.新编中文Photoshop CS3基本教程[M].西安：西北工业大学出版社,2008.
[13] Adobe公司.Adobe Photoshop CS3中文版经典教程[M].北京：人民邮电出版社,2008.

图 书 资 源 支 持

感谢您一直以来对清华版图书的支持和爱护。为了配合本书的使用，本书提供配套的资源，有需求的读者请扫描下方的“书圈”微信公众号二维码，在图书专区下载，也可以拨打电话或发送电子邮件咨询。

如果您在使用本书的过程中遇到了什么问题，或者有相关图书出版计划，也请您发邮件告诉我们，以便我们更好地为您服务。

资源下载、样书申请

书圈

我们的联系方式：

地　　址：北京市海淀区双清路学研大厦 A 座 701

邮　　编：100084

电　　话：010-83470236　010-83470237

资源下载：http://www.tup.com.cn

客服邮箱：2301891038@qq.com

QQ：2301891038（请写明您的单位和姓名）

扫一扫，获取最新目录

课 程 直 播

用微信扫一扫右边的二维码，即可关注清华大学出版社公众号“书圈”。